U0523556

给青少年的
名家人文课丛书

给青少年的名家写作课

夏丏尊

刘薰宇

等著

中国文史出版社
CHINA CULTURAL AND HISTORICAL PRESS

图书在版编目（CIP）数据

给青少年的名家写作课 / 夏丏尊，刘薰宇等著. --
北京：中国文史出版社，2025.3. -- （给青少年的名家
人文课丛书 / 青梅主编）. -- ISBN 978-7-5205-5158-8

Ⅰ．H15-49

中国国家版本馆 CIP 数据核字第 202544X4V4 号

责任编辑：高　贝

出版发行：中国文史出版社
社　　址：北京市海淀区西八里庄路 69 号院　邮编：100142
电　　话：010-81136606　81136602　81136603（发行部）
传　　真：010-81136655
印　　装：廊坊市海涛印刷有限公司
经　　销：全国新华书店
开　　本：787mm×1092mm　1/16
印　　张：13.25
字　　数：121 千字
版　　次：2025 年 5 月第 1 版
印　　次：2025 年 5 月第 1 次印刷
定　　价：58.00 元

版权所有，侵权必究。
文史版图书，印装错误可与发行部联系退换。

目录

第一讲　作者应有的态度

002　　一、真实

003　　二、明确

第二讲　记事文作法

010　　一、记事文的意义

013　　二、作记事文的第一步

016　　三、材料的取舍和整理

018　　四、记事文的顺序

022　　五、文学的记事文

第三讲　叙事文作法

030　　一、叙事文的意义
032　　二、记事文和叙事文的混合
035　　三、叙事文的要素和主想
039　　四、叙事文的观察点
048　　五、观察点的变动
050　　六、叙事文的流动
054　　七、叙事文流动的中止
057　　八、叙事文流动的顺逆

第四讲　说明文作法

060　　一、说明文的意义
062　　二、说明文的用途和题式
064　　三、说明文的条件
068　　四、条件的省略

第五讲　议论文作法

072　　一、议论文的意义

075　二、命题
078　三、证明
081　四、演绎法、归纳法和类推法
091　五、证据的性质分类
100　六、各种议论的联络
102　七、议论文的顺序
105　八、作驳论的注意

第六讲　小品文作法

110　一、小品文的意义
115　二、小品文在文章练习上的价值
118　三、小品文练习的机会
124　四、小品文作法上的注意——着眼细处
127　五、小品文作法上的注意——印象的
131　六、小品文作法上的注意——暗示的
134　七、小品文作法上的注意——中心
137　八、小品文作法上的注意——机智
142　九、实际做例和添削
148　十、分段与选题

附录

154　作文秘诀 / 鲁迅

158　写作闲谈 / 郁达夫

161　再来谈一次创作经验 / 郁达夫

166　创作的"三宝"和鉴赏的"四依" / 许地山

171　创作的我见 / 庐隐

175　传记怎么写 / 章衣萍

180　游记怎么写 / 章衣萍

183　如何写诗 / 胡怀琛

194　我怎么做起小说来 / 鲁迅

198　怎样写小说 / 老舍

| 第一讲 |

作者应有的态度

所谓好文章，就是达意表情，使读者读了以后能明了作者的本意、感到作者的心情的文章。应当怎样作法才能达到这种地步，这个问题包含很广，实不容易；但综合起来，最要紧的基本条件却有两个：一、真实；二、明确。

一、真实

文章是传达自己的意思和情感给别人的东西。倘然自己本来并无这样的意思和情感，当然不应该作表示这样的意思和情感的文章，不然便是说诳了。近来，许多青年欢喜创作，却又并不从实际生活上切切实实地观察体验，所以虽然作了许多篇东西，却全同造谣一样，令人读去觉得非常空虚。"情者，文之经；辞者，理之纬。经正而后纬成，理定而后辞畅：此立文之本也。"所以作文先要有真实的"情"，才不是"无病呻吟"。所谓"真实"，固然不是开发票或记账式地将事实一件一件地照样写出，应当有所选择；但把很微细的事物说得很夸张，把很重大的事件说得很狭小，或竟把有说成无，把无说成有，都不免成为虚空。

虽然文章是表现作者的实感，往往有扩大、缩小的事实，而同一事物看大、看小也随人随时不同，但这是以作者的心情做基础，不能凭空妄造。用一块钱买一件东西，是一桩很简单的事，但因时间和各人的情形不同，有的人觉得便宜，就说："不过花一块钱。"有的人觉得昂贵，就说："这要一块钱呢！"心情完全不同。但都是真实的，所以没有不合理的地方。"白发三千丈，缘愁似个长""笔落惊风雨，诗成泣鬼神""朝如青丝暮成雪""边庭流血成海水"，这类名句所以有价值，就因它们是表现作者的实感。倘若并没这样的心情，徒然用这样笔法来装饰，便是不真实。

二、明确

文章要能使读的人了解，才算达到作文的目的，所以难解及容易误解的文章，都不能算是好的。古来的名文中，虽也有很深奥、晦涩，非加上注解不能使人明白的，但这不是故意艰深，使人费解。所以这样有两种原因：一是它的内容本来深奥；二是言语随着时代变迁，古今不同。

文章本是济谈话之穷的东西，它的作用原和谈话没有两样。但用谈话来发表意思和情感的时候，大概是彼此见面的，有不了解的地方，还可当场问清楚。至于文章，是给同时代或异时代任何地方的人看的，很难有询问的机会，万一费解，便要减少效用，或竟失却效用。就是谈话，尚且要力求明了，何况文章呢？

以上两种是作文的消极的条件，不可不慎重遵守。要适合这两种条件，下列几项最要注意：

（一）勿模仿、勿抄袭

文章是发表自己的意思和情感，所以不能将别人的文章借来冒充。抄袭的不好是大家都承认的，古来早已有人说过，不必再讲。至于模仿，古来却有不以为非的。什么桐城派、阳湖派的古文呀，汉魏的骈文呀，西昆体的诗呀……越学得像越好。其实文章原无所谓派别，随着时代而变迁，也无所谓一定的格式。仅仅像得哪一家、哪一篇，绝不能当作好的标准。从另一方面说，文章是表现自己的，各人有各人的天分，有各人的创造力。随人脚跟，结果必定抑灭了自己的个性，所作的文章就不能完全自由表示自己的意思和情感，也就不真实、不明确了。

（二）须自己造词，勿漫用成语或典故

所作的文章要使读的人读了能够得着和作者作时相同的印象，才算是好的，所以对于自己所要发表的意思和情感必须十分忠实。这本不是一件容易的事，第一步功夫就在用词。用词要恰如其分，不可太强，也不可太弱；不可太大，也不可太小。从来文人无不在用辞上下苦功夫，贾岛的"推敲"就是最显明的例子。法国文豪福来培尔（今译为福楼拜）教他的学生莫泊桑有几句名语，很可做教训。

因为世间没有全然相同的事物,作者对于事物,要先观透它的个性。描写的时候务须明晰,使读者不致看错。这样,自然和人生的真相才能在作品中活跃。最要紧的事情就是选辞。我们应该晓得,表示某事物最适当的言语只有一个,若错用了别语,就容易和别事物混同。

他这段话真是至言,作者对于要表示的内容,应该搜求最适当的辞来表示它,不要漫把不适当的或勉强适当的词来张冠李戴。因此可以说,要对言辞有敏感的人,才能作得出好文章。

晓得这一层,就不至于乱用成语或典故了。成语、典故如果真和自己所要表示的内容吻合,用也无妨,但事实上很难得有这样凑巧的事情。如"暮色苍然"是描写晚景的成语,但暮色不一定苍然,若只要描写暮色就用这成语便不真实了。古人灞桥折柳以送行,本是一种特别土风,"阳关""渭城"也是实有所指;现在这种土风已没有了,事实也不相同了,要描写别离的情况,还用"阳关三叠""渭城骊歌"这类的话,也便是不真实、不明确。又如"莼鲈之思"这句成语,在张翰本是实有这样的情感,若不是吴人,连莼鲈的味都不知道的,也用来表示思念故乡的情感,当然不真实、不明确了。用成语、典故真能确切的实在不多,所以这样的错误触目皆是,非特别留意不可。

和成语、典故相类似，用了容易发生错误的，还有外国语和方言。外国语除了已经通行的或真没有适当译语的以外，都应当避去，因为不懂外国语的人见了这种词是不会懂的，已懂外国语的人见了这种词又要感到累赘讨厌。方言非有特别理由，就是没有适当的词可代替的时候，也不宜用，因为文章中杂用方言，别地方的人读了往往不容易明了。

（三）注意符号和分段

符号和分段，都是辅助文章使它的意义更明确的。符号错误，就易使文章的真意不明或引起误解。同一句话，因符号不同，意义就不相同。例如：（一）"大军官正擦额上的汗呢！听见了这句话，遂高声喊道：'全胜！'"这句里"全胜！"本是大军官得意的口吻，所以用叹号（！）表出；若用问号，便是表示那大军官还怀疑别一军官的报告，并且和"遂高声喊道"几个字所表示的情调不称；若用句号（。），情调自然也不合，而"全胜"二字所表示的不过是事实的直述，再无别的意味。（二）"我爱他，是很光明的。"和"我爱他是很光明的。"两句意义全不同：第一句"是很光明的"五个字是指"我爱他"这件事，第二句是指"我"所以"爱他"的原因。

一篇文章虽有一个中心思想，但仔细分析起来，总是联合几个小的中心思想成功的。为了使文章的头绪清楚，应当把关于各个小的中心思想的文字作成一段。换句话说，就是一个小的中心思想应当作一段，而一段中也只应当有一个小的中心思想。文章的内容若十分复杂，一段里面还可分成几小段。分段的标准或依空间的位置，或依时间的顺序，或依事理自然的秩序，全看文章的内容怎样。至于每段的长短，这是全无关系的。

（四）用字上的注意

为使文章明确和翻译外国文便利，关于第三身代名词，这几年常有人主张将"他"字依性别划分，但还没有一定主张。我喜欢单数在男性用"他"，在女性用"她"，在通性用"它"；多数则用"他们""她们""它们"。"的"字也划分成三个：（A）"的"用作代名词和形容词的语尾；（B）"底"用作后置介词，表示"所属"；（C）"地"用作副词的语尾。"那"字原有"询问"和"指示"两种任务，现在也有人主张分成两个，"询问"用"哪"，读上声；"指示"用"那"，读去声。这些分别，于文的明确很有关系，虽未全国通用，但在个人无论采用与否却须一致，否则误解就容易发生。

| 第二讲 |

记事文作法

一

记事文的意义

将人和物的状态、性质、效用等,依照作者所目见、耳闻或想象的情形记述的文字,称为记事文。例如:

……这一枝梅花只有二尺来高,旁有一枝,纵横而出,约有二三尺长。其间小枝分歧,或如蟠螭,或如僵蚓,或孤削如笔,或密聚如林,真乃"花吐胭脂,香欺兰蕙"。

——《红楼梦》第五十回

案上设着大鼎,左边紫檀架上放着一个大官窑的大盘,盘内盛着数十个娇黄玲珑大佛手;右边洋漆架上悬着一个白玉比目磬,旁边挂着小槌。

——《红楼梦》第四十回

(状态)

可以敌得过代洛西的人,一个都没有,他什么都好,无论算术、作文、图画,总是他第一,他一学即会，有着惊人的记忆力，凡事不费什么力气，学问在他，好像游戏一般。

——《爱的教育·级长》

如今长了七八岁，虽然淘气异常，但聪明乖觉，百个不及他一个！

——《红楼梦》第二回

（性质）

那个软烟罗只有四样颜色，一样雨过天青，一样秋香色，一样松绿色的，一样就是银红的。若是做了帐子，糊了窗屉，远远地看着，就似烟雾一样。

——《红楼梦》第四十回

这就是鲛绡丝所织。暑热天气，张在堂屋里头，苍蝇蚊子，一个不能进来，又轻又亮。

——《红楼梦》第九十二回

（效用）

上面所举的例，都是记事文。所谓人和物的状态、性质、效用等都是静的，空间的这个标准全是就作者的旨趣说，所以有时被记出的虽是动状，仍是记事文，例如：

堤上虽有微风，河里却丝毫没有波纹，水面像镜子一般，映出澄清的天空的影。

——《少年的悲哀》

那时候白雾越发降得重,离开房子不过十步路,便看不见那边的窗,只看见一团黑影,里面射出来一条红灯光。河上又发出奇怪的鼾息声、冰块爆裂声。一只鸡在院子里浓雾中间喔喔地叫着,引起别的鸡也鸣叫起来了,以近及远,慢慢儿一村间只听见一片鸡鸣声音。可是四围除去河流以外,所有都寂静。

——《复活》第十七章

二

作记事文的第一步

记事文以记述经验为目的，未曾经验的事物当然无从记述。就是有时是根据作者的想象，而所记述的是假设的情形，但想象也不是凭空妄造，须有相当的经验做根据。因为这样，要作记事文先须经验事物，或目见，或耳闻，或参考书籍，从各方面收集材料，更将所得材料按适当的次序排列起来。在初学的人，没有腹案的功夫的，并须将各材料一一地用短文记出。例如要作"西湖"的记事文，先就经验所得，摘出种种的材料。

先查地理书，假定得到下面的材料：

（一）西湖在杭州城西，又名西子湖。
（二）西湖是东南的名胜。

再把自己在游西湖的时候的经验列举出来，假定如下：

（三）从上海坐沪杭车到杭州城站，步行三四里就到。

（四）我到车站的时候，原想坐人力车，后来听说到那里很近，就步行了。

（五）湖直径十余里，游船往来如织。

（六）舟人说，原有两塔，南面的是雷峰塔，北面的是保俶塔。

（七）水很清，可望见游鱼。

（八）湖滨旅馆很多，我在某旅馆住了几天。

（九）别庄、祠堂相望，风景幽美。

（十）一面滨市，三面皆山。

（十一）山峰连续，最高者是北高峰。

（十二）春夏游人最多，外国人来游的也不少。

（十三）坐小舟行湖中，如入画图。

（十四）有苏、白二堤，蜿蜒湖中。

（十五）有林和靖墓、苏小小墓、岳坟等古迹。

（十六）有名的山是北高峰、葛岭、孤山、南屏山等。

（十七）寺观林立，钟声时到游人的耳际。

（十八）某别庄正在那里开工建筑。

（十九）四围多垂柳，远望如绿烟。

（二十）有人在那里钓鱼。

（二十一）山上多树，水底有草。

这样一个个地排列起来（愈多愈好），然后再对材料进行一种精密的取舍整理。

〔**注意**〕这种程序，可应用于一切文体，不单记事文如此。

三

材料的取舍和整理

虽将各项关于事物（题目）的材料收集起来，但这些材料，对于题目并不全然适切。如果将不适切于题目的材料夹杂进去，文章就有不适切的毛病。选择材料的标准：一是适切题目，二是注重特色。例如以"西湖"为题的记事文，前节所列的材料中，如（三）（四）（十八）和（八）的后半部，（六）的前半部，都不是"游西湖记"的材料，不适切题目，应该舍去。（二十）（二十一）两项不是西湖的特色，也应舍去。

材料取舍完了，其次便是整理。凡是同类的材料，务必集合在一处，将冗繁支离的删去。例如前节（五）的后半部和（十二）可并，因为都是记述游人的情况的；（十一）和（十六）也可并，因为都是记述山的。

既将材料取舍，整理好了，连缀起来，就成文章。现在将前节所举的材料，依上面取舍整理的结果缀成短文如下：

西　湖

　　西湖又名西子湖，在杭州城西（一），是东南的名胜（二）。湖径广十几里（五），一面滨市，三面皆山。山峰连续，最高的是北高峰（十一），此外有名的有葛岭、孤山、南屏山等（十六）。原有雷峰和保俶两塔对峙，现只保俶塔巍然矗于北面（六）。苏、白二堤蜿蜒湖中（十四）。湖畔有林和靖墓、苏小小墓、岳坟等古迹（十五），别庄、祠堂相望（九）。寺观林立，钟声时到游人耳际（十七）。湖水清浅，可望见游鱼（七）。四围多垂柳，远望如绿烟（十九）。坐小船行湖中，好像入画图（十三）。春夏间游人最多，游船往来如织，外国人慕名来游的也不少（十二）。

［练习］试自集材料作下列各题：

（1）我们的学校
（2）我的故乡

四

记事文的顺序

记事文的顺序大概有两种,一以观察的顺序为标准,一以事物本身的关系为标准。简单的记事文如前节所举的例,通常用第一种。但要记复杂的事物,这种方法就不适用。如作"飞行机"和"无线电话"等题的记事文,也依作者自己所观察的顺序为文字的顺序,一一连缀起来,那便混杂不清了。

作复杂的记事文,先须注目于关系事物全体的材料,然后顺次及于各部分;各部分的材料中,又是先列大的,后列小的。现在参考书籍,作"鸽"的记事文如下:

鸽是和鸠同类的一种鸟,大都善飞,喜群居。统分野鸽和家鸽两类,家鸽又分菜鸽和飞鸽两种。(一)

野鸽,性情极凶恶,住在山野树林里,以田禾为食,是农家的害鸟的一种。它的羽毛全体暗黑,只有背的中央是灰白色,颈和胸前有紫绿色的光泽,眼睛

的颜色不好看。(二)

家鸽为野鸽的变种,性情很驯良,可以和家鸡一样给人家喂养。羽毛、眼色,种种不一。飞翔很快,记忆力很强(1)。其中的一种,菜鸽,比较起来,飞得不高,也飞得不远。眼色也不十分好看。只是它的生殖很容易。肉味也很鲜,用来佐菜,喜欢的人极多,就是它的蛋也是很贵重的食品(2)。(三)

飞鸽,放到远处地方去,它也能自己飞回来,可用以传信。但是它生长很不容易,往往孵不出小鸽,因为难得,售价非常贵。(四)

家鸽的品格很多,要分辨它们的好坏和名目,只消看它们的眼睛和毛羽的颜色。(五)

菜鸽的眼睛虽不十分好看,但也有几种有趣味的:一种姜黄眼,眼球下面,现着砂子,黄颜色里带些红色(1)。一种桃砂眼,眼球下面的砂是桃红色的(2)。又有一种水砂眼,桃砂的桃红色还带些淡红的(3)。无论姜黄眼或桃砂眼,眼球里有几粒黑砂,能够上下流动的,又叫流砂,很是名贵。将鸽的身子颠倒转来,眼球里的几粒黑砂,就慢慢地流下,等到再转身过去,又流转了去,真是有趣(4)。(六)

飞鸽的眼睛,名目更多,最好看的是藤砂。藤砂又可分成三等:网藤,眼睛里有许多丝,像藤一般的,这种最好(a);藤砂,只有一二条丝从眼球里现出来,极显明的，比网藤次一些（b）；藤砂中最下等的，丝贴紧在眼球下面，并不显明的（c）(1)。藤砂以外，铁砂眼，眼球里有一种和砂子一般的小粒的(2)。紫砂眼，眼睛颜色带深黑的，也是上品(3)。又有一种朱砂眼，眼睛里有细砂，红得像朱砂一样(4)。(七)

这文的顺序画出图来，恰如下所示：

$$
\text{鸽}\cdots\cdots\text{一}\left\{\begin{array}{l}\text{二}\\ \text{三}(1)\left\{\begin{array}{l}(2)\\ \text{四}\end{array}\right\}\text{五}\left\{\begin{array}{l}\text{六}\left\{\begin{array}{l}(1)\\ (2)\\ (3)\end{array}\right\}(4)\\ \text{七}\left\{\begin{array}{l}(1)\left\{\begin{array}{l}(a)\\ (b)\\ (c)\end{array}\right.\\ (2)\\ (3)\\ (4)\end{array}\right.\end{array}\right.\end{array}\right.
$$

凡是所记的事物，非一见一闻就能明了，要从书籍上查考它的效用、构造、历史等的，都应该用这个方法来记述。

[练习]

（一）用下列材料作一篇"金字塔"的记事文：

（1）金字塔是五千年前埃及的古建筑，是国王的墓。

（2）金字塔中最大的，高四百八十尺，底的面积九万方尺，是世界上最大的建筑物。

（3）建筑的材料是瓦砖和花岗石。

（4）花岗石中最大的，重数百万斤。

（5）金字塔的里面藏着用木乃伊包被包裹的国王的死骸。

（6）金字塔的材料，有一部分是瓦砖，那么五千年以前就有瓦砖，是很明白的事。

（7）木乃伊在金字塔中多数室内的石棺中藏着。

（8）金字塔内有许多地下室。

（9）所谓木乃伊包被，是像皮布样的一种东西，用这包被包裹死骸，可以数千年不腐。

配列上的注意如下：

$$\text{金字塔}\cdots\text{全体}\begin{cases}\text{外部}\begin{cases}\text{花岗石}\\\text{瓦砖}\end{cases}\\\text{内部地下室}\cdots\text{石棺}\text{——}\text{木乃伊包被}\end{cases}$$

（二）依前法就下题作比较精细的文字：

（1）我的家

（2）桃

五

文学的记事文

　　记事文虽以记述事物的状态、性质、效用，使人理解为主；但也有记述事物的美丑的一类，而不以使人理解为目的。前一类，称为科学的记事文，只是作者对于事物的认识的报告，比较偏于客观的，前几节所举的例都是。后一类，称为文学的记事文，乃是表现作者对于事物的印象，主观的成分比较多。

　　例如以"月"为题，就有下面的两种作法：

　　（一）月是星体中最和人相近的。在天空中一面绕着地球转动，同时随了地球绕太阳而行。它和地球一样，还有自转。它的自转和绕着地球转动，都大约是二十七日又零一周，所以地球上的人只能和它的大部分相见。月上也有山，山岭最高的约二万六千尺至二万七千尺。如阿奔那尼（Apennines）一山，壁立雄峻的奇峰竟有三千多个。

它的本体原是黑暗的，只是反射太阳的光以为光。太阳照着的部分全向地球的时候，看去很圆，这叫作"望"。太阳不照着的全黑的部分向着地球的时候，叫作"晦"。太阳照着的和没有照着的各有一部分向着地球的时候，叫作"弦"。

（二）窗外好像水国，近的屋，远的山，都用不很明白的轮廓，画在空中。屋角树林的下面，晕着神秘的色光。熄灯以后，月光闯入室内，在床上铺着一条青黄色的光带。夜静了，不知哪里来的呜咽悠扬的笛声，还隐约地在枕上听得。

上面第一篇，读了虽然可以得到关于月的状态和性质的知识，却不能感到月色的美感和月夜的情趣，这便是科学的记事文。第二篇，却恰好相反，只能给读者以月色的美感和月夜的情趣，至于月的性质和状态却一点不曾写到，这是文学的记事文。

作文学的记事文须观察经验，对于材料选择和整理，与作科学的记事文一样。除了这些条件以外，还须特别注意下列各项：

（1）想象

因为文学的记事文，是表现作者所得的印象，所以在记述事物以前，必须将要表现的印象重现于心中，然后执笔。

即如前例关于"月"的文字，内中都是作者曾经目见过的光景，不是凭空假造的。在作这文时，只是将旧有的印象一一在心中再现，然后依样记述。作这类的文字务必依自己所感受的记述，不可依赖成语来堆砌，如说到月，不可便用些"月白风清""月明星稀"之类的话。这是第一步功夫，也是最难的事；但唯其难能，所以可贵，能够做到，就不愧为作家了。

（2）注意特色

作文学的记事文，虽然要依作者自己所感受的记述，但局部的琐碎记述，不但不能使光景活现，并且不能使人得到所记述的事物的深刻的印象。所以必须捉住特色，舍弃其余，任读者自己补足。例如记述人物，把他的眉毛、眼睛、鼻头都记上几百字，分裂、琐碎，令人看了就要莫名其妙，不能使所记的人物的状貌在读者心中活现了。现从小说中找几条例来看：

> 第一个肌肤微丰，身材合中，腮凝新荔，鼻腻鹅脂，温柔沉默，观之可亲。第二个削肩细腰，长挑身材，鹅蛋脸儿，俊眼修眉，顾盼神飞，文采精华，见之忘俗。
>
> ——《红楼梦》第三回

> 这马兵都头姓朱名仝，身长八尺四五，有一部虎须髯，长一尺五寸，面如重枣，目若朗星，似关云长模样，满县人都称他美髯公。……那步兵都头姓雷名横，

身长七尺五寸，紫棠色面皮，有一部扇圈胡须，为他膂力过人，跳二三丈阔涧，满县人都称他做插翅虎。

——《水浒传》第十二回

她身材不甚高大，胸脯十分丰满……脸显得特别的白，这种样子真和久居家中闭户不出的人的脸色相同，仿佛番薯深藏地窖里所变成的颜色一般。她双手十分阔，却不很大；头颈从大衣领里透出来，显得又白又胖。在她那雪白光泽的脸上一双又黑又亮的眼睛不住地闪动，眼神虽然显出十分疲乏的样子，却还有活泼气象，内中有一只眼睛略为斜一点。

——《复活》第一章

这三个例，第一、二个虽是旧式的描写法，但寥寥数言中，却能表现出迎春和探春、朱仝和雷横的状貌。第三个，也足以表现一个堕落了而久居监狱的女子的神气。所以能够这样，就是捕捉了特色的缘故。

（3）抒述心情

要使所记述的事物在读者心中活跃，不但须记述客观的事物，还须记述主观的心情。换句话说，就是须记述从感觉上得来的印象。所以要作好的文字，非对于事物有锐敏的感觉不可。例如：

夏天的太阳已经下了山，跟着就要睡去的树林中，满了森然的寂寞。建筑用的大松的树梢上，反映着就快烧完的晚红，还带着些红光；下面却已经薄暗，带着些湿气了。好像从树林蒸发出来的又干又触鼻的香气，微微地可以闻得。从远山野火飘来可厌的烟气，夹杂在香气中，却分外地强烈。柔软的夜，不知在什么时候无声无响地落到地上了。鸟到太阳没落，也停止了声音，唯有啄木鸟还用了很倦怠的音调，在那里发梦呓似的单调的微音。

——《泥沼》

读了这段文章，那夏日傍晚松林中的一种蒸郁寂寞的景象，好像目见身历了。感觉在近代文学上有重要的地位，文字上能加入感觉，就有生气。与其说"寒风吹着面孔"，不如说"寒风刀刮似的吹着面孔"；与其说"麦被风吹动"，不如说"麦被风吹得浪一般地摇动"。因为后者比前者有生气，容易使读者得到印象。我国从来的文章都只记事物，不记情感，实是很大的缺点。

这里所应当注意的，就是所记述的感觉并不是故意加入的事。作者对于事物果能精密地观察，对于记述果能诚实不欺，心情和感觉自然会流露于笔端。如果只是将这一类的辞硬加上去，不但不好，而且可厌。旧式文章中，凡记述风景的时候，末尾常附加"诚胜地也"或"呜呼叹观止矣"之类的文句；记述悲惨的人事的时候，末尾必加

"呜呼可以风矣"或"噫不亦悲夫"一类的文句。其实，是否"胜地"，能否算得"观止"，"可风""不可风"，"堪悲""不堪悲"，都要读者自己去领略的，不能由作者硬用主观的意见做命令式的强迫。因此这方法现在已不适用，特别在纯文学上不能适用。

（4）使用含着动作的词句

含着动作的词句，比较容易引起读者的印象。例如：与其说"门前有小河，隔岸有高山"，不如说"门前流着小河，隔岸耸着高山"；与其说"海边有鹤"，不如说"海边有鹤飞过"。

不但这样，凡要表示事物，必须在事物有动作的时候，不可在它静止的时候。例如记述学校，必须记它授课或散课的时候；记述城市，必须拣它人马杂沓的时候；记述人物，必须在他言语动作的时候。例如：

> 大学生缓缓地懒懒地走着，将手掠着大麦的顶。叫天子和冠雀在他脚边飞起，又像石子一般地落在密生的大麦丛里。
>
> ——《诱惑》

太阳光正攻击着树林，从繁茂的顶叶上穿过，直用那温和的光亮射在白杨的树干上，竟使这些树干变成松树的干子一般，树叶也都变成蓝色。上面笼罩着蓝白的天，晚霞照着，带了点胭脂的颜色。燕儿高高地飞着,风儿几乎死去了,怠惰的蜜蜂懒洋洋睡沉沉地在丁香花上飞着,白蚋虫成群地在单独的远延的树枝上打着旋。

——《父与子》

[练习] 就下列各题作短文:

(1) 春的田野
(2) 元旦的上午
(3) 秋的傍晚

| 第三讲 |

叙事文作法

一

叙事文的意义

记述人和物的动作、变化,或事实的推移的现象的文字,称为叙事文。例如:

宝钗与黛玉回至园中。宝钗因约黛玉往藕香榭去,黛玉因说还要洗澡,便各自散了。
——《红楼梦》第三十六回
(人的动作)

汽笛曼声地叫了。汽船画圆周,缓缓地靠近埠头去。
——《省会》
(物的变化)

叙事文原和记事文一样,同是记述事物的文字。不过记事文以记述事物的状态、性质、效用为主,而叙事文以记述事物的动作、变化为主。所以记事文是静的,空间的;

第三讲 叙事文作法

叙事文是动的,时间的。例如:

（一）牵牛花有红的、紫的,颜色虽很美观,但少实用。

这是述说牵牛花的形状和性质的,是记事文。

（二）院里的牵牛花,红的、紫的,都很鲜艳地开了。

这是述说牵牛花的变化的,是叙事文。

二

记事文和叙事文的混合

文体的分类原只是为说明便利和作者自身态度不同，实际上并没有纯粹属于某种体裁的文字。记事文和叙事文虽因所记述的对象不同而有区别，但在一篇关于事物的记述的文字中，总是互相混杂的。例如："今天开了三朵牵牛花（叙事），一朵是红的，两朵是蓝的（记事）。"但如果改成"今天一朵红的和两朵蓝的牵牛花开了"（甲），便是纯粹的叙事文；又若改为"今天开的三朵牵牛花，一朵是红的，两朵是蓝的"（乙），就是纯粹的记事文了。因为（甲）的目的在使读者知道牵牛花的变化，而（乙）的目的在使读者知道牵牛花的状态。

总之叙事文和记事文只是作者依旨趣和记述的对象不同，试将下例玩味其记、叙混合的样子，就可更明白了。

　　翌晨，玛尔可负了衣包，身体前屈着，跛着脚，彳亍入杜克曼布（叙）。这市在阿根廷共和国的新辟地中算是繁盛的都会（记），玛尔可看去，仍像是回到了可特准、洛赛留、培诺斯爱列斯一样（叙）。依旧都是长而且直的街道，低而白色的家屋。奇异高大的植物，芳香的空气，奇观的光线，澄碧的天空，随处所见，都是意大利所没有的景物（记）。进了街市，那在培诺斯爱列斯曾经验过狂也似的感想，重行袭来。每过一家，总要向门口张望，以为或可以见到母亲。逢到女人，也总要仰视一会，以为或者就是母亲。要想询问别人，可是没有勇气大着胆子叫唤。在门口立着的人们都惊异地向着这衣装褴褛、满身尘垢的少年注视。少年想在其中找寻一个亲切的人，发他从胸中轰着的问话。正行走时，忽然见有一旅店（叙），招牌上写有意大利人的姓名。里面有个戴眼镜的男子和两个女人（记）。玛尔可徐徐地走近门口，振起了全部勇气问："美贵耐治先生的家在什么地方？"（叙）

——《爱的教育·六千里寻母》

〔练习〕试将下文的叙事和记事的部分分析出来：

伊的避暑庄边有一个小小的丘样的土堆，汽船在这前面经过。每逢好天气，伊便走到那里，白装束，披着长的卷螺发，头上戴一顶优美的夏帽子。伊躺在丘上面,用肘弯支拄起来,将衣服安排好许多的襞积,卷螺发的小团子在肩膀周围发着光,而且那一只手,那支着脸的,是耀眼的白。在自己前面伊摊着一本翻开的书,但眼光并不在这里,却狂热地射在水面上。伊这样地等着伊的豪富的高贵的新郎,伊的幻想的目的。只要他在船上,他便应该看出伊在山上的了。他们看见而且感动而且赶到伊这里来,那只是一眨眼间的事。

——《疯姑娘》

三

叙事文的要素和主想

照物理学的说法,一切的现象都含有四个要素:物质、能力、时间、空间。譬如"今天上午八点四十分火车从江湾开出"这一个现象,"火车"是物质,"开出"是能力的作用,"今天上午八点四十分"是时间,"江湾"是地方。叙事文既是记述现象的,所以也有四个要素:(一)现象的主体,(二)现象的演变,(三)现象发生的时间,(四)现象发生的场所。例如:

那日正当三月中浣,早饭后,宝玉携了一套《会真记》,走到沁芳闸桥那边桃花底下一块石头上坐着,展开《会真记》,从头细看。正看到"落红成阵",只见一阵风过,树上桃花吹下一大斗来,落得满身满书满地皆是花片。宝玉要抖将下来,恐怕脚步踏践了,只得兜了花瓣来至池边,抖在池内。那花瓣浮在水面,飘飘荡荡竟流出沁芳闸去了。回来,只见地下还有许多花瓣。

——《红楼梦》第二十三回

这一段叙事文虽然很短,所有的要素都完全了,分列如下:

（一）主体　宝玉。
（二）事实　看《会真记》,收拾落花。
（三）时间　三月中浣某日早饭后。
（四）场所　沁芳闸桥。

叙事文和记事文一样,对于材料须有所选择。选择的标准,除记事文所说的"适切题目"和"注意特色"以外,还因文的目的而定。这个目的在叙事文中就是主想,大体有三类:

（一）以授予教训为主,例如传记等。
（二）以授予知识为主,例如历史等。
（三）以授予趣味为主,例如小说等。

因了主想的不同,材料选择取舍的标准也就不一样。即如要叙述岳飞的事迹,作第一类的叙事文,应当对于他的家教、性行、逸事、格言等详加叙述,而于他的生卒年月、生的地方、官职、战功等却用不着详说。作第二类的叙事文却恰好相反,生卒年月等应当详尽,家教、逸事等只得省略。至于作第三类的叙事文,不但材料的选择不同,并且叙述的方法也就相异。《少年丛书》中的岳飞是第一类叙法,《宋史》中的岳飞是第二类叙法,《说岳传》中的岳飞是第三类叙法。总括一句,第一类以善为主,第二类以真为主,第三类以美为主。

自然,这种分类不过是就概括的旨趣说,同一文字有兼两种色彩,或竟兼三种色彩的,不过多少总有所偏重,这偏重的地方,便是一篇文字重要的目的,也就是主想。

作叙事文的时候,材料搜集好了,就要确定主想。主想一定,然后将材料依主想来选择,与主想有关系的便取,无关系的就舍。但有一点须注意,就是同一材料应当取舍,不是材料本身的重要与否的问题,而是与主想的关系重要与否的问题。

例如以"夏日游海边记"为题,而主想是"这日很热,到了海边真凉快",假定全体材料中有下列各项:

(一)同行某君,他的父亲是个文学家。
(二)我坐了人力车到火车站。
(三)在车站买了车票,然后上车。
(四)火车逢站都停。

就一般的情形说,这种材料本身实不很重要,而于本文的主想的关系也不深,但如果还有别的材料相关联,因而发生重要关系的时候，却就都有用了。如文章像下面的时候，这种材料就用得着：

> 因为太热，并且我是病后，所以坐了人力车到车站（二）。好像我的车慢了，到车站的时候，车已要开，我就急忙买了车票，飞跑上车（三）。这部是慢车，每站都停，车中又热，烦躁极了（四）。同行某君是某文学家的儿子，很有文学趣味，一路和他谈论文学上的事，免了不少的寂寞（一）。

这样的叙述，所有好像不必要的材料都因了别的材料引到与主想关系重要的地位，就成为有用的了。反之如海边的人口若干，海边的故事、古迹等等，如无别的关联，就不是重要的材料。

〔练习〕就下列各题作文：

（1）游西湖记
（2）诸葛亮（参考《少年丛书》《平民小丛书》等）

四

叙事文的观察点

叙事文所叙述的材料,不但是从作者自己经验得来,还有从别人的传说或书籍的记载得来的。材料的来处既然不一,或从甲面说,或从乙面说,当然不能一致。将许多材料连缀成文的时候如果也这样混乱,文章就有头绪不清、不易了解的毛病。即以《三国志》一书而论,关于诸葛亮伐魏的事,有时说"丞相出师",有时说"诸葛亮入寇",就各段分开来看,固然没有什么不合的地方,但就作者陈寿一个人的笔下而论,一个是以蜀为主体,一个是以魏为主体,居然有两样的观察点,就未免不当了。叙事文的观察点,就是作者所站的地位,可分为三种。

(一)居于发动者一边。例如说"丞相出师",就是以发动者的蜀为观察点的。

(二)居于受动者一边。例如说"诸葛亮入寇",就是以受动者的魏为观察点的。

(三)居于旁观者一边。例如说"诸葛亮出师略魏",

就是以旁观者的地位为观察点的。

作叙事文须确定一种观察点,全篇统一,不应摇动。通常的叙事文,以居于旁观者的地位的居多。但在旁观者的地位,作者对于各方面也要保持观察点的一致,不可随意变更。

(例一)

杨幺乘舟湖中,兵在楼上发矢石(1),官军仰面攻之,见舟而不见人,因而失败。岳飞下令伐君山的树为巨筏,塞满港汊,又用腐木乱草由上流放下,布置稳当,才和杨幺开战(2)。杨幺船遇了草木,轮不能鼓动,贼奔走港中,又被木筏所拒,因被牛皋捉着,诸贼皆降(3),果然八日就打平了(4)。

——《平民小丛书·岳飞》

这段本是以旁观的地位来记述的,却是观察点变了几次,(1)从杨幺方面,(2)从岳飞方面,(3)再从杨幺方面,(4)又从岳飞方面,逐条错乱,文字使人觉得繁杂不堪。若以杨幺方面为主改成下面的(一),或以岳飞方面为主改成下面的(二),那么文气就一致了。

(一)杨幺乘舟湖中,兵在楼上发矢石,使官军仰面来攻，见舟不见人，因而制胜。后来又和岳飞打仗，战船遇了岳飞从上流放下来的腐木乱草，轮不能鼓动；奔走港中，又被岳飞伐君山的树所做的巨筏所拒，就被牛皋捉着，部下皆降。

（二）官军因杨幺乘舟湖中，兵在楼上发矢石，仰面攻之，见舟而不见人，乃失败。岳飞下令伐君山的树为巨筏，塞满港汊，又用腐木乱草由上流放下，布置妥当，才和杨幺开战。草木既遇杨幺的船，使轮不能鼓动，逼之奔港中。而木筏又拒不令进。牛皋就将杨幺捉着，并招降诸贼。果然八日就打平了。

（例二）

紫鹃在屋里，不见宝玉言语，知他素有痴病，恐怕一时实在抢白了他，勾起他的旧病，倒也不好了，因站起来，细听了一听，又问道："是走了还是傻站着呢？有什么又不说，尽着在这里怄人！已经怄死了一个，难道还要怄死一个么！这是何苦呢？"说着，也从宝玉舐破之处往外一张。见宝玉在那里呆听，紫鹃不便再说，回身剪了剪烛花。忽听宝玉叹了一声道："紫鹃姐姐！你从来不是这样铁心石肠，怎么近来连一句好好儿的话都不和我说了？我固然是个浊物，不配你们理我，但只我有什么不是，只望姐姐说明了,哪怕姐姐一辈子不理我,我死了倒做个明白鬼呀!"紫鹃听了,冷笑道:"二爷就是这个话呀!还有什么?若就是这个话呢,我们姑娘在时,我也跟着听俗了;若是我们有什么不好处呢,我是太太派来的,二爷倒是回太太去。左右我们丫头们,更算不得什么了!"说到这里,那声儿便哽咽起来,说着,又擤鼻涕。宝玉在外知她伤心哭了,便急得跺脚道:"这是怎么说?我的事情,你在这里几个月,还有什么不知道的?就是别人不肯替我告诉你,难道你还不叫我说,叫我憋死了不成!"说着,也呜咽起来了。

——《红楼梦》第一百一十三回

这文中,除末了"宝玉在外知她伤心哭了,便急得跺脚道:'这是怎么说?……'说着,也呜咽起来了"一段外,都是从紫鹃方面说的。如果把这段改为:"只听得宝玉在外,好像知她伤心哭了,急得跺脚道:'这是怎么说……'说着,也呜咽起来了。"那就全体都是从紫鹃方面叙述了。

(例三)

从前阿拉伯地方,有一个养骆驼人家的儿子,名叫亚利,因为有要事要和他在斯哀治的父亲接头,骑了骆驼,带了水瓶,附队商出发。一路上队商彼此谈谈说说,亚利却只有自己的骆驼和他做朋友。他恨不得就看见他的父亲。

热带的太阳,火一样地照着沙漠。遇着难得的有树木和泉水的地方,大家就在此休息,解渴,再把水装满了水瓶,然后出发。夜了就在帐篷中住宿。

这样到了第四日,正午忽然起了大风,把沙吹得满天,走不来路,大家只得中止进行。后来风息了,砂也不飞了,却是出了一桩极大的困难,原来以前是依着骆驼的足迹走的,经过大风以后,骆驼的足迹如数消灭,方向也认不清楚,大家走来走去,总是找不出路来。这时候水瓶中的水已经完了,没法再得水,大家都弄得没有方法了(以上是从亚利一面说的)。

天黑了,队商中一人说:"如果明日还不能寻得有水的地方,那么只有把骆驼来杀掉一匹,吃它肚里的水了。"别一个见亚利奔波以后倦睡了,便说:"与其杀别个的骆驼,还是杀那小儿亚利的吧。"这样二人在那里商量(观察点转到队商方向去了)。

亚利倦睡中,听见有人说他的名氏,便仍装了睡着的样子细听。听得二人在那里商量要杀他的骆驼,大惊,他想:"如果与他们同伴,骆驼就要被他们杀死。"不能再犹豫了,等到他们睡熟,就偷偷地把骆驼牵出，骑着逃了。

天上照耀着无数的星。亚利因他叔父的平常指示，略晓得关于星辰的事情，大略地知道何星在南，何星在北，他凭着了他这点的知识，定了一个方向，鞭着骆驼前进。

在这样试探方向的当中，天渐渐地亮了，忽见沙上有骆驼新行过的足迹。亚利得了这骆驼足迹的帮助，一直向南走，到了傍晚，隐约地看见前面有火光，急上去看，见有一群队商，在那里张幕野宿，亚利即从骆驼上跳下，和他们讲自己受困的情形，请求他们和他同伴（观察点又转到亚利方面来了）。队商听了亚利的告白，大家都感动起来，允了亚利的要求（观察点转到队商方面去了）。在斯哀治的父亲，早几天就晓得亚利要来，等得不耐烦起来了，恰好有还乡的朋友，就同伴回来，想在路上碰见亚利（观察点转到亚利父亲方面去了）。

亚利得了新同伴，就安了心，忽然听得许多骆驼的足音，见又有一群旅客从南方来了。这群旅客之中，有一个就是他的父亲，亚利意外地得着父子相遇，不觉悲喜交集了！

亚利和父亲无恙归家，把路上一切始末，详告他的母亲（观察点又转到亚利方面来了）。

亚利的母亲自从送亚利出门以后，心中怀着各种的忧虑，听了亚利的话就很欢喜，称赞亚利的勇气（观察点转到亚利的母亲方面去了）。

这篇文字，观察点变动了好几次，如果要专从亚利方面说，那么第四段以后的文字应该改作如下：

> 天黑了，亚利奔波以后，正倦睡着，忽然从睡梦中听见同伴队商的话声，一人说："如果明日还不能寻得有水的地方，那么只有把骆驼来杀掉一匹，吃它肚里的水了。"又一人说："与其杀别个的骆驼，还是杀那小儿亚利的吧。"
>
> 亚利听了这一番话，心里想道："如果与他们同伴，骆驼就要被他们杀死，不能再犹豫了！"于是等到他们睡熟时候，就偷偷地把骆驼牵出骑着逃了。
>
> 天上照耀着无数的星，亚利因他叔父平日的指示，略晓得关于星辰的事情，大略地知道何星在南，何星在北，他凭着了他这点的知识，定了一个方向，鞭着骆驼前进。
>
> 在这样试探方向的当中，天渐渐地亮了，忽见沙上有骆驼新行过的足迹，亚利得了这骆驼足迹的帮助，一直向南走。到了傍晚，隐约地看见前面有火光，急上去看，见有一群队商，正在那里张幕野宿。亚利急从骆驼上跳下，和他们讲自己受困的情形，请

求他们和他同伴。亚利的告白很感动了队商,他的请求也被他们许可了。

亚利得了新同伴,正安着心,忽然听得许多骆驼的足音,见有一群旅客从南方来了。这群旅客之中,不料有一个就是他的父亲,后来晓得他父亲在斯哀治早知亚利要来,等得不耐烦起来了,恰好有还乡的朋友,就同伴回来,想在路上碰见亚利的。亚利意外地得着父子相遇,不觉悲喜交集了。

亚利和父亲无恙归家,把路上一切始末,详告他的母亲,他的勇气大被母亲称赞。

这样改作以后,观察点一致,文字就一气,不犯繁滞的毛病了。叙事文原是把事件展开来使人看的,性质好像戏曲。观察点的变动,就是戏曲中幕的更动,戏曲中幕不应多变,叙事文的观察点也不应多变。

叙事文因观察点不同,对于同一材料,可作成各方面的文字。这步功夫,在学作叙事文上很是重要。有这样功夫的作者,对于一件事就能理解要从哪方面叙述才省事。

〔练习〕下面的例,是以旁观者的态度作的文字。试置观察点于裁判官方面,把它改作成一篇裁判官写给朋友的信。

有一位富人，向朋友讨债。这位朋友说并不曾借钱，想把债赖了。富人不得已，诉诸法庭。裁判官问原告："你在何处借钱给他？"原告回答说："在某处大树下。"裁判官说："那么要叫大树来做证人了。"就命法吏执行召唤证人的手续。停了一会儿，裁判官对着表，独自说："证人就快来了。"这时被告不觉自语道："从这里到那棵大树，有六七里路，恐怕没有这样快吧！"裁判官听了这话，就说："你晓得大树所在的地方，这就是你曾经收过钱的证据。"于是把这案判决如下：

"被告曾经向原告借钱，已自身证明，因此，被告应该把钱还给原告。"

五

观察点的变动

照前节所说，叙事文的观察点不应变更，使文气一致而不散漫、冗繁。但这只是一般的原则，在长篇的或复杂的叙事文中，要将各方面的情形都表现得适当，却不得不变动。大概事实的间接叙述比直接叙述不易生动，所以在两件或多件事实有相同的重要性，而只从一个观察点出发要将各方面都表现出来又非常困难时，观察点就不得不变动了。例如：

亲家再三不肯，王玉辉执意，一径来到家里，把这话对老孺人说了。老孺人道："你怎的越老越呆了！一个女儿要死，你该劝她，怎样倒叫她死？这是什么话说！"王玉辉道："这样死，你们是不晓得的。"老孺人听见，痛哭流涕，连忙叫了轿子去劝女儿了。

王玉辉在家依旧看书写字，候女儿的消息。

老孺人劝女儿，哪里劝得转，一般每日梳洗，陪着母亲坐，只是茶饭全然不吃。母亲和婆婆着实劝着，千方百计，总不肯吃，饿到六天上，不能起床。母亲看着伤心惨目，痛入心脾，也就痛倒了。抬了回来，在家里睡着。又过了三日，二更天气，几个火把，几个人来打门，报道："三姑娘饿了八日，在今日午时去世了！"

——《儒林外史》第四十八回

这段文的目的，虽是在写一个中了礼教的毒的人为虚荣忍心看着自己的女儿饿死，但王玉辉、老孺人和他们的女儿三个人的情况，都同样重要。并且，假定从王玉辉一方面叙述，那么老孺人劝女儿和女儿未死前的各种事情都无从表现，或难于表现；就是从别一方面叙述，也同样不能周到。在这种时候，观察点虽变动了好几处，也是应当的。

叙述一件事，哪几方面的关系重要，以及哪些应当表现，哪些不应当表现，全依事件的性质，由作者自己的意见去判断，没有一个简明的标准。凡是有剪裁功夫的作者，当然能够得到这种标准的。上面所举的例，也可以说是有剪裁功夫的。

六

叙事文的流动

叙事文的对象是事物的现象的展开，这展开的情形被叙述成文字的时候，就成了文字上的流动。现象的展开不止，文字的流动也就仍然继续，所以流动是叙事文的特色。

一件事的展开虽有一定的速度，但叙述这件事的文字，它的流动却有快慢。将事件展开的情况绵密地叙述，把事件中各方面详细地描写的，是慢的叙事文；只述事件的概要和其中各方面的大意的，是快的叙事文。例如：

> 宋江起身去净手。柴进唤一个庄客，提碗灯笼，引领宋江东廊尽头处去净手，便道："我且躲杯酒。"大宽转穿出前面廊下来，俄延走着，却转到东廊前面。宋江已有八分酒，脚步趔了，只顾踏去。那廊下有一个大汉，因害疟疾，挡不住那

寒冷,把一锨火在那里向。宋江仰着脸,只顾踏将去,正跐在火锨柄上,把那火锨里的炭火都掀在那汉脸上。那汉吃了一惊,惊出一身汗来。那汉气将起来,把宋江劈胸揪住,大喝道:"这是什么鸟人!敢来消遣我?"宋江也吃一惊,正分说不得,那个提灯笼的庄客慌忙叫道:"不得无礼——这位是大官人最相待的客官!"那汉道:"'客官',我初来时也是客官!也曾最相待过!如今却听庄客搬口,便疏慢了我,正是'人无千日好'!"却待要打宋江,那庄客撇了灯笼,便向前来劝。正劝不开,只见两三碗灯笼飞也似来,柴大官人亲赶到说:"我接不着押司,如何却在这里闹?"那庄客便把跐了火锨的事说了一遍。柴进笑道:"大汉,你不认得这位奢遮的押司?"那汉道:"奢遮杀,问他敢比得我郓城宋押司,他可能?"柴进大笑道:"大汉,你认得宋押司不?"那汉道:"我虽不曾认得,江湖上久闻他是个及时雨宋公明——是个天下闻名的好汉!"柴进问道:"如何见得他是天下闻名的好汉?"那汉道:"却才说不了,他便是真大丈夫,有头有尾,有始有终!我如今只等病好时,便去投奔他。"柴进道:"你要见他么?"那汉道:"不要见他说甚的?"柴进道:"大汉,远便十万八千里,近便只在面前。"柴进指着宋江便道:"此位便是及时雨宋公明。"那汉道:"真个也不是?"宋江道:"小可便是宋江。"那汉定睛看了看,纳头便拜,说道:"我不信今日早与兄长相见!"宋江道:"何故如此错爱?"那汉道:"却才甚是无礼,万望恕罪,有眼不识泰山!"跪在地下哪里肯起来?宋江忙扶住道:"足下高姓大名?"

——《水浒传》第二十一回

这是慢的叙事文。

宋江因躲一杯酒,去净手了,转出廊下来,趾了火锹柄,引得那汉焦躁,跳将起来,就欲要打宋江。柴进赶将出来,偶叫起宋押司,因此露出姓名来。那大汉听得是宋江,跪在地下哪里肯起?说道:"小人有眼不识泰山,一时冒渎兄长,望乞恕罪。"宋江扶起那汉问道:"足下是谁?高姓大名?"

——《水浒传》第二十二回

这段所叙的事实和前段相同,只是简单得多,这是快的叙事文。

快的叙事文,以叙述事件的轮廓为目的;慢的叙事文，以叙述事件的情况为目的。两者的分别，正和中国画的写意画和工笔画相同。大体说来，小说属于慢的一类，历史属于快的一类。莎翁的剧本是慢的，兰姆兄妹所作的《莎翁乐府本事》就快了。《三国志》是快的，《三国演义》就慢了。

七

叙事文流动的中止

叙事文的特色既然在流动,所以不但这流动须快慢适当,还须慎防中止。所谓流动中止,就是由时间的、动的叙事文,突然转到冗长的、空间的、静的记事文;或插入说明,使动态一时停滞。

(例一)

原来王夫人时常居坐宴息亦不在这正室,只在东边的三间耳房内,于是老妈妈引黛玉进东房来。临窗大炕上铺着猩红洋毯,正面设着大红金线蟒引枕、秋香色金线蟒大条褥。两边设一对梅花式洋漆小几,左边几上文王鼎、匙、箸、香盒;右边几上汝窑美觚,内插着时鲜花卉,并茗碗、茶具等物。地面下,西一溜四张椅子上都搭着银红撒花椅袱,底下四副脚踏,两边又有一对高几，几个茗碗花瓶俱备。其余陈设，不必细说。

——《红楼梦》第三回

这段文中，除了第一句是叙事文以外，流动全然中止，以后都成了王夫人房中的记事文。若非把这一大节叙上不可，应当将所记的情况都改成由黛玉眼中看出的，而将末了"其余陈设，不必细说"的话删去，那么流动就没有停滞了。

（例二）

蒋门神见了武松，心里先欺他醉，只顾赶将入来。说时迟，那时快，武松先把两个拳头去蒋门神脸上虚影一影，忽然转身便走。蒋门神大怒，抢将来，被武松一飞脚踢起，踢中蒋门神小腹上，双手按了，便蹲下去。武松一楚，楚将过来，那只右脚早踢起，直飞在蒋门神额角上，踢着正中，往后便倒。武松追入一步，踏住胸脯，提起这醋钵儿大小拳头，往蒋门神头上便打。（原来说过的，打蒋门神扑手：先把拳头虚影一影，便转身，却先飞起左脚，踢中了，便转过来，再飞起右脚。这一扑有名，唤作"玉环步，鸳鸯脚"。——这是武松平生的真才实学，非同小可！）打得蒋门神在地下叫饶。

——《水浒传》第二十八回

这段文中，括弧内的话都是作者所加的解释，这种说明加到叙事文中，也是使流动停滞的原因，若删去了，流动便连续不断，极有生趣。

第三讲　叙事文作法

八

叙事文流动的顺逆

叙事文是按事物的变化来展开的，所以流动的方向也有两种：第一种，照那变化自然的顺序，依次叙述，这是顺的；第二种，因为要叙明变化的前因后果，或并行的事件，不能全然依照自然的顺序，而要有所颠倒，这是逆的。例如：

天气很冷，天下雪，又快要黑了，已经是晚上——是一年最末的晚上。在这寒冷阴暗中间，一个可怜的女孩光着头，赤着脚，在街上走。伊从自己家里出来的时候，原是穿着鞋，但这有什么用呢？那是很大的鞋，伊的母亲一直穿到现在，鞋就有那么大。这小女孩见路上两辆马车飞奔过来，慌忙跑到对面时鞋都失掉了。一只是再也寻不着，一个孩子抓起那一只，也拿了逃走了。他说：将来他自己有了小孩，可以当作摇篮用的。所以现在女孩只赤着脚走，那脚已经冻得全然发红发青了。在旧围巾里面,伊兜着许多火柴,手里也拿着一把,整日没有一个人买过伊一点东西,也没有人给伊一个钱。

——《卖火柴的小女孩》

今年盐政点的是林如海。这林如海姓林名海,表字如海,乃是前科的探花,今已升兰台寺大夫,本贯姑苏人氏,今点为巡盐御史,到任未久。原来林如海之祖曾袭过列侯,今到如海,业经五世。起初只袭三世,因当今隆恩圣德,额外加恩,至如海之父又袭一代,至如海便从科甲出身。

——《红楼梦》第二回

这两例中有好几处是逆行的。逆行虽有不得不用的时候,初学的人却宜注意,大概在普通的叙事文是用不到的。

[练习]

(1)试将读过的叙事文,举两个观察点变动的例。
(2)试将读过的慢的叙事文举出一篇改成快的。

| 第四讲 |

说明文作法

一

说明文的意义

解说事物,剖释事理,阐明意象,以便使人得到关于事物、事理或意象的知识的文字,称为说明文。例如:

一旁是字的形,一旁是字的声,所以叫作形声。
——《中国文化的根源和近代学问的发达》
科学的起源,不是偶然发现的,因为人类是有理性的动物,有种种心理的根据,所以发生科学。
——《科学的起源和效果》

说明文的性质,有时好像和科学的记事文相同,有时又好像和叙事文类似,其实全不一样。

说明文和科学的记事文有什么区别呢?最重要的一点,就是对象的范围不同。科学的记事文虽也是以记述事物的状态、性质、效用为主,但以特殊的范围为限,是比较具体的;说明文以普遍的范围为对象,是比较抽象的。

如第二讲第一节所举的例,第一个是记述一枝梅花的状态,第二个是记述屋内一部分的陈设,第三个是记述一个人的性质。范围既狭,所记述的也比较具体,使人读了自然可以就得到那些知识。但若要讲到"植物""房屋的构造"和"人类的通性"等一般的事实,以及抽象的事理如"文学的意义""实验主义"等,范围就扩大得多,不是记事文所能胜任的了。

说明文和叙事文的分别比较容易。关于事实的说明,对象虽和叙事文相同,但形式全然相异。如"今天上午八点四十分火车从江湾开出",是叙事文的形式;而"火车从江湾开到上海是在今天上午八点四十分",便是说明文的形式。还有一个区别,叙事文可带作者主观的色彩,说明文却不许可。

二

说明文的用途和题式

说明文本来是用较浅近明了、易于理解的文字去解明事物或事理，使它的关系明了、范围确定、意义清晰，给人以关于该事物或事理的普遍的正确的知识，所以用途很广。教师的讲义、科学的教科书，大半是说明文，固不必说；就是学术上的定义、字典上的解释、古书上的注解、事实真相的传达，凡足以使人得到明确的观念和理解的，都要用到说明文。

说明文的题式通常有疑问式和直述式两种：

（一）疑问式

（甲）书籍是什么？（乙）何谓文学？（丙）科学是怎样起源的？

(二)直述式

(甲)书籍;(乙)文学;(丙)科学的起源。

在古文中还有用"说"字或"原"字加到题上的,如"士说""原君"之类;但文中多羼入议论,所以不能因题式而判断文体。

三

说明文的条件

说明文最简单的形式,就是单语的定义;复杂的说明文,无非是单语的定义的集合和它们的引申。先就单语的定义来讨论。

例如,"人是有理性的动物"是规定"人"的意义的,就是用"有理性的动物"六个字合起来说明"人"的概念。在这六个字中,又可分成两部分:一、"动物";二、"有理性的"。"动物"是"人"所属的类;"有理性的"是"人"在所属的类中所具的特色,就是"人"和所属的类中的其他东西相差的地方,论理学上叫作种差。所以最简单的说明文的形式是:

类 + 种差

但若说明文只是这样简单,通常就不能使人明了,非更详尽不可。因为说明文所说明的既不一定简单,而又是对于未知某事物、某事理的人才有作的必要，所以作法上必需的条件便须加多，共有六个，分说如下：

（一）所属的种类　为了要使所说明的事物和其他关系较远的事物分离，所以须述它所属的种类。如要使"人"和植物、矿物等分离，就先说他是动物。又以"书籍"和"书信"为例：

（甲）书籍是印刷物。
（乙）书信通常是手写的。

（二）所具的特色　虽已将所属的种类叙述而能使它和其他关系较远的事物分离，但还要使它和关系较近的同属于一类的事物分离，所以必须叙述它的特色。如要使"人"和一切别的动物分离，必须叙述他的特点——"有理性的"。

（甲）书籍是预备永久保存，给多数人看的。
（乙）书信是处理一时的事情，代谈话用的。

（三）所含的种类　因要内容明了，使人更易理解，而且理解的内容更充实，所以将事物所包含的种类进行叙述也是必要的。但分类须有一定的标准，所以叙述分类须将所用的标准同时叙出。

（甲）书籍在版本上，有刻版的、铅印的；在装订上，有洋装的、中国装的；在文字上，有洋文的、中文的；在内容上，有关于文学的、关于科学的、关于哲学的等等分别。

（乙）书信因所述事件的关系人的多少，有公信和私信的分别。

（四）显明的实例　文字内将显明的实例举出，则愈加明了。

（甲）英文教科书是洋文的，国语教科书是中文的……

（乙）例如学校通知书和致全体同学书，是公信，问候某君的信是私信。

（五）对称和疑似　单从事物的本身直述，往往不易明了；所以若将对称的，即同属于一类而不是同种的，或疑似的，即好像同种而实不同的事物对照述说，更可使该事物明白显出。学术上的名词大概有对称的，通俗的事物多半有疑似的。

植物是生物中不属于动物的一部分。（对称）
习字纸也是用笔写的，但不以代谈话为目的，所

以不是书信。（疑似）

（六）语义的限定　语义因使用而多分歧，作说明文时，如果遇到容易误解的时候——如古语新用之类——非特别加以限定不可。例如：

> 共和是国家主权在全体人民，行政首长也由人民选出的一种国体，不是周召共和的共和。

上述各项，是说明文作法上的要件，现在以"文学"为题应用各要件，示范如下：

> 文学是一种艺术（一），换句话说，就是以文字做成的艺术（二）。纯粹的文学通常不以日用为目的（五），因体裁上有小说、诗歌、戏曲等分别（三）。《红楼梦》是小说，《长恨歌》是诗歌，《西厢记》是戏曲（四）。
>
> 文学不是普通的文字，也不是科学（六）。韩愈的《原道》、王船山的《读通鉴论》等，不是文学；物理学讲义、化学教科书等，也不是文学（四）。
>
> 我国古来，凡是文字都称文学，但是现在的所谓文学完全是小说、诗歌、戏曲的总称，和从前的意义是不同的（六）。

四

条件的省略

说明文原是为未知某事物的人作的。在繁复的说明文中,要正确、明晰,固应具备前节所述各条件,但遇某部分确已非常明了的时候,也可以省略。

(1)普通的省略　容易明了而不至误解的事物,或只以使人知道一个概要的,都可以只说大概。例如:

(甲)国家是人类社会组织之最大形体,包容一切社会生活。

——《新学制公民教科书》第一册第六章

(乙)国家是人类为满足需要兴趣而组织的团体,社会也是人类为满足需要兴趣而组织的团体,目的大概相同。但是社会只有人与人的关系,和人所在的土地无关,所以社会成立不限定要占据一定的疆土。人民如果没有一定的疆土,便不能成为国家。

——《政治学大纲》第四章第三节

（甲）和（乙）同是关于国家的说明，（乙）是详细、绵密的说法，（甲）是省略的说法。专门科学的文字都是（乙）类，通常的文字和口头的谈话以（甲）类为多。

（2）因比较而省略　利用读者所已知的事物，两相比较以说明的时候，和已知事物相同的条件，就可省略，这是常用的省略法。例如：

　　星云和一团云差不多，微亮，挂在空中，极像一缕烟。
　　日本人民受军阀的苦痛，也和我国一样。

这是利用读者已知的"云"和"烟"来说明"星云"，利用读者已知的"我国军阀的横暴"来说明日本的军阀的。这种方法很有效用，所要注意的就是比拟要恰当，不然，一样地容易引起误解。

［练习］试依所讲法则，就下题作说明文：

　　（1）偶像
　　（2）革命
　　（3）山
　　（4）学校

| 第五讲 |

议论文作法

一

议论文的意义

发挥自己的主张,批评别人的意见,以使人承认为目的的文字,称为议论文。

记事文是记述事物的状态、性质的,叙事文是叙述事物的变化的,议论文和它们截然不同,很是明显,最易混同的就是说明文。

说明文关于剖释事理的部分,和议论文很有容易混淆的地方。因为对于一事的内容,真是说得极详尽,那么它的价值怎样?我们对于它应持的态度怎样?都可不言而喻,用不到再加议论了。例如:把"社会主义"的意义、功用、优劣等都说到详尽无余,那么社会主义的可行不可行自然非常明了。又如:将"教育"的含义尽量发挥,那么教育应该怎样?人人应否受教育?也自然可以不必再说,就很明白。

照这样说来,议论文和说明文不是没有差别了吗?这又不然,第一是目的不同。说明文的目的是在使人有所知,议论文不但要使人有所知，还要有所信。

第二是性质不同。试就两者的题式看就可明了。说明文大概用单语为题，如"社会主义""教育"之类。议论文则用一个命题为题，如"社会主义可行于中国""教育为立国的根本"之类。一般议论文的题目，虽也有只用单语的，如"男女同学论""孔子论"等，但不过是形式的省略，若从文章的内容去考察，便知仍是一命题。因为文中不是主张"男女应当同学"，便是主张"男女不应当同学"；不是说"孔子之道已不适于中国"，就是说"孔子之道仍当遵从"。议论文的题目原是文章的根本主张的概括的缩写，所以表面虽是单语，内容依然是命题。

第三是态度不同。说明文比较地偏于客观，所以虽有时因各人的见解不同，不能人人一致，也有敌论者，但作者并不预计的。议论文却恰好相反，实际上虽未必就有人反对，作者心目中概假定有敌论者立在前面。因为若一切都成了定论，和数学上的公式一样，本来就无议论的必要了。"男女同学"所以还有议论的必要，正因有人主张也有人反对的缘故。

议论文虽和说明文不同，但议论文中用说明文的地方很多。因为没有说明做基础，判断很不容易下，例如要主张"男女应当同学"，那么教育的意义和男女的关系等，都非先加以说明不可。试就下例玩味一下就更可明了了：

……但是到了现在,关于女子和文学的观念全然改变了。文学是人生的或一形式的实现,不是生活的附属工具,用以教训或消遣的,它以自己表现为本体,以感染他人为作用。它的效用以个人为本位,以人类为范围。女人则为人类一分子,有独立的人格,不是别的什么附属物。我们在身心状态的区别上,承认有男子、女子与儿童的三个世界,但在人类之前都是平等。与男女的成人世界不同的儿童,世间公认其一样地有文学的需要,那么在女子方面这种需要自然更是切要,因为表现自己的与理解他人的情思,实在是人的社会生活的要素。在这一点上,文学正是唯一的修养了。

——《女子与文学》

二

命　题

　　断定用言语或文字表示出来称为命题。议论文实际上就是对于所提出的命题所给的证明——有必要的时候，还加上相当的说明——所以命题是议论文的根本。命题是一个完全的句子（sentence），但一个完全的句子除了表明语句（indicative）外，疑问语句（interrogative）、命令语句（imperative）、愿望语句（optative）、惊叹语句（exclamatory）都不是命题，因为所表示的都不是一个断定，用不到证明。

　　命题从性质上说，有肯定和否定两种。

　　（甲）竞争运动应该废止——肯定命题
　　（乙）竞争运动不应该废止——否定命题

　　在理论上只有这种形式的句子可以作为议论文的题目，但实际上常有不照这样直写的，（甲）（乙）二项，可有下列各种格式：

甲 { 竞争运动应该废止 / 竞争运动废止论 / 排竞争运动 / 论竞争运动

乙 { 竞争运动不应该废止 / 竞争运动奖励论 / 竞争运动应该保存 / 竞争运动的存废

论题本应是一个命题，就是一个完全的表明语句，但题目除表示论文的主旨外，有时还含有刺激读者的作用。所以如"女子不该参政吗？""文化运动不要忘了美育！""异哉所谓国体问题！"等形式的题目都有，但实际上不过是从"女子应当参政""文化运动应当注意美育""非国体问题"变化出来的。

作议论文的第一步，就是认定自己所要提出的命题。命题确定了，然后加以证明。所要注意的就是保持论点，不要变更，使议论出了本命题范围以外。例如"论莎士比亚的文学"，应当只从文学本身立论，不应该牵涉他幼时窃羊的事情。要排斥耶稣的教义，应当只从他的教义本身攻击，不应该说他是私生子。因为文学和作者的幼时道德各不相关，教义的好坏和立教者是私生子、非私生子毫无关系。如果要牵涉，就应当先证明两者的关系：必要使人承认幼时道德不好的，长大了也无好文学；私生子不能成伟大的宗教家。然后议论才立得住，不然总是谬论。这种毛病在批评别人的主张的时候较多，往往以攻击私人为压倒对手的武器。其实就是对手因为私德上受指斥不敢再答辩，也不是他的主张失败的证据。

三

证　明

命题既经认定，就应当加以证明，证明可分两种。

（一）直接证明

即是对于一种主张，找出积极的理由来证明。例如：

> 孟子曰："不仁哉梁惠王也！仁者以其所爱，及其所不爱；不仁者以其所不爱，及其所爱。"公孙丑曰："何谓也？""梁惠王以土地之故，糜烂其民而战之，大败，将复之，恐不能胜，故驱其所爱子弟以殉之。是之谓：以其所不爱，及其所爱也。"
>
> ——《孟子·尽心》

这篇的主旨是说梁惠王不仁，而用"以其所不爱，及其所爱"的事实来证明。

（二）间接证明

就是所谓反证，对于一种主张，先证明对方面的谬

第五讲　议论文作法

误，使自己所说的牢固。例如：

> ……孟子曰："世俗所谓不孝者五：惰其四支，不顾父母之养，一不孝也；博弈，好饮酒，不顾父母之养，二不孝也；好货财，私妻子，不顾父母之养，三不孝也；从耳目之欲，以为父母戮，四不孝也；好勇斗狠，以危父母，五不孝也：章子有一于是乎？"
>
> ——《孟子·离娄》

这篇的主旨是说匡章是孝子，而用他没有不孝的事实来证明。

大概，发表自己的主张，不能不有直接的证明；反驳他人的议论，间接证明最有用。例如，有人主张"足球应当废止"，他所持的理由是"足球危险"，就可用间接证明法反驳如下：

> 足球危险，不错。但是，世间危险的事情很多，火车也危险，飞机也危险。如果因为危险就应当废止，那么，火车、飞机也应当废止了，这是很不合理的。

用这种反驳法应当要注意对手的论点变更。若主张

"足球应当废止"的人,因为这个驳议而声明说:"火车、飞机虽危险,但有用它们的必要,非足球可比的。"他的根据已全然变更了,最初的理由是"足球危险",后来的理由是"足球危险而且非必要",所以应当认为新论。

四

演绎法、归纳法和类推法

演绎法、归纳法和类推法，是论证的基本方法。要知道详细，须求之于论理学，这里所讲的只是一个大概。

（一）演绎法　用含义比较广阔的命题做基础，来论证含义较狭的命题，这是演绎法。例如：

> 学校的功课都应当注意学习，——大前提
> 音乐是学校的功课，——小前提
> 故音乐应当注意学习。——断案

这是演绎法最基本的形式，通常称为三段论式，是用含义较广的"学校的功课都应当注意学习"和"音乐是学校的功课"两个命题来证明"音乐应当注意学习"的命题。上列的顺序是论理上的通常的排列法，在文字或语言上，常有变更。试以上式为例：

（1）学校的功课都应当注意学习"的"（大），音乐"既"是学校的功课（小），所以音乐"也"应当注意学习（断）。

（2）学校的功课都应当注意学习"的"（大），所以音乐"也"应当注意学习"呀"（断），"因为"音乐"也"是学校的功课（小）。

（3）音乐"既"是学校的功课（小），学校的功课都应当注意学习"的"（大），音乐"也就"应当注意学习"了"（断）。

（4）音乐"既"是学校的功课（小），音乐"就"应当注意学习（断），"因为"学校的功课都应当注意学习"的"（大）。

（5）音乐应当注意学习"呀"（断），"因为"学校的功课都应当注意学习（大），音乐"也"是学校的功课（小）。

（6）音乐应当注意学习"的"（断），音乐"既"是学校的功课（小），学校的功课都应当注意学习"啊"（大）。

引号内的字是为句子的顺畅附加的，因为无论在文字上或语言上，常常不一定用很质朴的表明语句。大前提、小前提和断案不但排列的顺序可以变更，常常还有省略。例如：

（1）学校的功课都应当注意学习（大），音乐"也"是学校的功课"呀"（小）！

（2）音乐"既"是学校的功课（小），音乐"岂不"应当注意学习"吗"（断）？

（3）学校的功课都应当注意学习"的"（大），音乐"就"应当注意学习"了"（断）。

（4）音乐"既"是学校的功课（小），"就"应当注意学习（断）。

（5）学校的功课都应当注意学习（大），音乐自然不是例外（断）。

只要意义能够明白，在文章上排列变更，要素省略都无妨。为了文章辞调的关系将命题的形式改换也是必要。但若要检查议论的正否，却须依式排列。例如：

（1）桀纣之失天下也，失其民也。

——《孟子·离娄》

（2）天子不能以天下与人。

——《孟子·万章》

（3）他不用功，故要落第。

这些议论若要施以检查，须将省略的补足，成一完全的三段论式如下：

（1）失其民者失天下，
桀纣失其民者也，
故桀纣失天下也。
（2）天子不能以天下与人，
尧为天子，
故尧不能以天下与人（舜）。
（3）不用功的学生都要落第，
他是不用功的学生，
故他要落第。

演绎法的议论，全以两前提做基础，所以如前提中有一不稳固，全论就不免谬误。如前例第三个论式：

不用功的学生都要落第，
他是不用功的学生，
故他要落第。

这论式中，大前提就不甚稳当，因为世间尽有天资聪明、不用功而可以不落第的学生。

世间原难有绝对的真理，所以就是论式各段都无误，也不是就没有辩驳的余地。不过各段的无误，是立论的必要条件，若没有这条件，议论的资格都没有了。

[练习] 试把下列各议论补足成三段论式，并检查是否谬误：

（一）试验使学生苦痛，故应废止。
（二）我国有广大的土地，岂有亡国之理。

演绎法的两个前提原是立论的根据，假若对于一前提不易承认，还须别的三段论法，把这前提来证明。例如要论证"人类必须有教育"的一个命题，假定是用下列的论式：

人类须有知识，——小前提
知识由教育而得，——大前提
故人类必须有教育。——断案

这论式中的小前提实在是很有疑问的，所以必须再加以证明如下：

生存须有知识，——大前提
人类要生存，——小前提
故人类须有知识。——断案

倘使这论式中的前提还有疑问，那么非再加以证明不可。繁复的议论文大概就是由许多三段论法联合成的。

〔练习〕试补成下列的论式：

凡人因非全知全能，皆有缺点，故孔子虽圣人，也有缺点。

（二）归纳法　归纳法和演绎法恰好相反，是集合部分而论证全体的论法。例如，用演绎法证明"某人是要死的"。其论式如下：

凡人都是要死的，——大前提
某人是人，——小前提
故某人是要死的。——断案

这例中的大前提"凡人都是要死的"的一个命题是否真实，如果要加以证明，也可用下列的演绎法的论式：

凡生物是要死的，——大前提
人都是生物，——小前提
故凡人都是要死的。——断案

对于这个论式的大前提"凡生物是要死的"的一个命

题，若还有疑问，须再加以证明，那就不是演绎法所能胜任的，非用归纳法不可了。论式如下：

> 牛是要死的，马是要死的，羊是要死的，草是要死的，树是要死的……袁世凯死了，西施死了，我的祖父母死了……
> 牛、马、羊、草、树……袁世凯、西施、我的祖父母……都是生物。
> 故生物是要死的。

这式的两前提都是以经验所得的部分集合起来，由此便得到"生物是要死的"的结论。

归纳法中有两个应当遵守的条件：

（一）部分事件的集合须普遍而且没有反例；

（二）有明确的因果关系。

这两个条件如果能满足一个，大概可以认为没有错误。用例来说：

> （1）有角动物都是反刍动物。

在这例中，"有角"和"反刍"有没有原因结果的关系，这在现在的科学上还没有证明，所以不能满足第二个条件；但有角的动物如牛、如羊、如鹿等都是反刍的，并且没有反例,即有角而不是反刍的动物不可以举出,这就满足第一个条件,而可认为正确的了。

(2)有烟的地方必定有火。

这例中的"烟"同"火"是有因果关系的,满足了第二个条件,所以就是不遍举事例,也可认为正确。

(3)文化高的国民都是白皙人种。

这例虽可举出英、美、德、法等国民来做例证,但有印度、中国等反例可举,不满足第一个条件。并且,明确的因果关系也没有,又不满足第二个条件。这样的归纳便是谬论。

最有力的归纳法,是第一、第二两个条件都能满足的,因为事例既普遍而无相反的例可举,原因结果的关系又极明了,自然不易动摇了。所应注意的,有无反例可举和人的经验有关,就现在所经验的范围虽无反例,范围一旦扩大也许就遇见了反例,所以归纳法所得的断案常是盖然的。但原因结果的关系既已明确,就有反例可举也不能斥为谬论,这只是原因还没完全举出,或反例另有原因的缘故。例如:

居都市的人比居乡村的人来得敏捷。

这就是生活状况的不同，一是刺激很多，一是清闲平淡，可以将原因结果的关系说明；虽有一二反例，必定别有原因存在，对于原论并不能动摇。

〔练习〕就下列各命题，广举事例且说明其因果关系：

（一）文化从海岸起始。
（二）卜筮不足信。
（三）健康为成功之母。

（三）类推法　根据已知的事例而推断相类的事例的方法，这是类推法。例如：

地球是太阳系的行星，有空气，有水分，有气候的变化，有生物。——已知的事例
火星是太阳系的行星，有空气，有水分，有气候的变化。——相类的事例
故火星有生物。——断案

类推法应用时须遵守下列的两条件：
（甲）所举的类似点，须是事物的固有性，而不是偶

有性；

（乙）被推的事物须不含有与断案矛盾的性质。例如：

（1）孔子与阳虎同是鲁人，同在鲁做官。若依了这些类似点，因孔子是圣人就推断阳虎也是圣人，这便犯了第一个条件，因为这些类似点都是偶有性的。

（2）甲、乙二鸟，声音、大小、形色都相同。但乙鸟的翅曾受伤折断。若依类似点因甲善飞就推断乙也善飞，这便犯了第二个条件，因为翅的折断和善飞，性质是矛盾的。

[练习]

人披毡了则温暖，将毡子包冰，则冰反不易化。试就类推法说明。

五

证据的性质分类

判断一件事,总是以经验做根据,而依前两节所举的方法找出证据来。由性质上,证据有种种的不同,分述如下:

(一)因果论　因果论又名盖然论,是根据了"同样的原因必生同样的结果"的假定,以原因证明结果。例如:

(1)某人平日品行方正(原因),这次的窃案大概和他没有关系(结果)。

(2)他作文成绩素来很好(原因),这次成绩不良,大概是时间局促的关系(结果出预想之外,因为别有原因的缘故)。

这都是因果论,普通所谓议论,大概是这类最多。因果论所以又名盖然论,就是因为这种议论并不是确切可靠的缘故。对于同一事件,往往可做正相反对的因果论,即如前例的：

（1）某人平日品行方正（原因），这次的窃案大概和他没有关系（结果）。

对于这一个因果论也可做正相反对的第二个因果论：

（2）某人近来很穷（原因），或不得已而窃盗（结果）。

这两个因果论，可以同时发生，在这时候，要决定究竟哪一个成立，实是一件很难的事。就是能够证明某人真是渴不饮盗泉的丈夫，但仍不能将（1）确立而推翻（2），因为还有第三个、第四个乃至无穷个因果论可以发生。即如：

（3）某人的母亲病得很危险，他正因于医药费（原因），或竟至于窃盗（结果）。

这个因果论更为有力，某人品行既好，当然有孝行，对于母亲的病自是要想尽方法去医治，那么急不暇择，也是人情。

从这例看来，可知因果论是个确度很小的论法。所以用这个论法的时候，通常须用"大概""或"等推量的语气，万不可取断定的态度。

但因果论虽不是充足的可靠的议论，却是必要的、很有价值的。所以无论何种议论，至少非有一个因果论的证据不可。否则，即使别的证据很多，也不可靠。例如甲有杀乙的嫌疑时，假定有下列各种证据：

（1）乙被杀时，甲确不在家。
（2）甲家有带血迹的刀。
（3）甲的衣上有血。

这类的证据无论有多少，假定甲所以要杀乙的原因有一点不明白的时候，依然毫不足凭，而不能据以断定甲是杀乙的。如果能求得下列的事实的一种或一种以上，那就可以认甲为杀乙的嫌疑者。所以仅一因果论的证据虽不足恃，若与别的证据联合起来，就成有价值的论法了。假定所得的事实如下：

（1）甲曾因金钱关系与乙有仇。
（2）甲和乙前几天曾打架而被打伤。

（二）例证论　将和结论相同的事例引来做议论的证据，叫作例证论。例如：

(1) 某人身体原很弱,因从事运动,今已健康(事例),所以运动是有益于健康的(结论)。

　　(2) 甲学生很用功及了格,乙学生不用功落了第(事例),所以要及格非用功不可(结论)。

　　(3) 投石于水,就沉下去;投木片于水,则浮在上面(事例)。可知轻的东西是浮的,重的东西是沉的(结论)。

　　这都是例证论。例证论以部分来推全体,或以甲部分来推乙部分。前一种是归纳法的,归纳的法则应该严格遵守;后一种是类推法的,类推的规则切不可犯。除此以外还有几个条件应当特别注意。

　　(甲) 人事和物理的不同。前例中(1)和(2)是人事,(3)是物理。物理以物为对象,物质界是有普遍的法则可寻的,所以大概可以说一定。甲石沉了,乙石也沉了,可以说凡石都要沉的;甲木浮起,乙木也浮起,可以说凡木都要浮起的。但人事界的现象却没有这样的简单。甲从事运动身体康健了,乙从事运动或反而生病,因为体质、情形都不一定相同,结果不一定同也是应该的。丙不用功幸而不落第,就以为不用功可以不落第;某人买彩票发财,就也去买;某人的阿哥的学问好,就以为他的学问也好。这些谬误,都是一类。

　　(乙) "假定"不能做例证。例证须是事实,"假定"做不来例证。世间往往有以"假定"做例证而应用例证论的。例如：

（1）精神一到，何事不成（假定）？凡毕业颠沛流离的，都是精神不振作的缘故（结论）。

（2）他如果就了商业，已经可以做商店的经理了，何至穷得这样（假定）？所以读书不如经商（结论）。

（1）例中，事的成不成非做了以后不能晓得的；（2）例中，经商能不能就做商店经理，而不穷困，也要经了商才可知道的。只悬揣了一个假定，再从这假定立了脚来推论，即使常识上通得过去，总不可靠。

（三）譬喻论　譬喻论和例证论相似，不过例证论是引用和结论相同的事例做证据，譬喻论是引用和结论相似的事例做证据。例如：

（1）加热蒸汽机关，则机关运转，故热可转成运动。（例证论）

（2）像蒸汽机关的运转需煤一样，生物在生活上也需食物。（譬喻论）

譬喻论中所最要紧的，就是两方面的类似的关系。譬喻要得当，就是两方面中各自所存有的关系要有适当的关联。试就上例分解如下：

（1）蒸汽机关的运转要发热的东西（煤），故运动要有发热的东西。（归纳的例证论）

（2）运动要有发热的东西，故生物的运动（生活）也要有发热的东西（食物）。（演绎的因果论）

适当的譬喻，照上面的样子分解起来，例证论和因果论间一定有相当的可以存在的关系。假如其中有一式错误，譬喻论的全体也就要错误。今示误谬的例于下：

浙江人比湖南人好，好像浙江绸比湖南绸好一样。

这种譬喻论的谬误是谁都晓得的。所以谬误的原因在哪里呢？试分解一下就晓得了：

（1）浙江绸比湖南绸好，所以浙江的一切比湖南的一切好。（归纳的例证论）

（2）浙江的一切比湖南的一切好，所以浙江人比湖南人好。（演绎的因果论）

这二式中，（1）的例证论明明不合归纳的法则，事例既不普遍，因果关系也不明确，要举反例，不论多少都可以举出，如湖南的夏布就比浙江的好之类。（2）的演绎式的大前提既谬误，断案当然也靠不住了。就是分解起来，（1）的归纳式不错，而（2）的演绎式错了，也一样地靠不住。

检查譬喻论的方法除将它分解以外，还有一种，就是审察两面的关系类似不类似。就前例说："浙江绸"和"湖南绸"的关系，与"浙江人"和"湖南人"的关系全不类似。不类似的关系当然不能譬喻的。至于"蒸汽机关"和"煤"的关系，同"生物"和"食物"的关系，就是类似的了。

譬喻论，我国古来用的很多，现在也着实有不少的人用它，讥诈百出，最易使人受欺，大宜注意辨别。

[练习] 试指出下列各譬喻论正否：

（一）国之有海军与陆军，犹鸟之有两翼，缺一不可。

（二）政府之不必使人民与闻政治，犹父母之不必问家事于子女。

（三）一矢易折，集数矢则难折；人也是这样，孤立易败，协力则无敌。

（四）符号论　符号论和因果论恰相反，因果论是从原因推证结果，符号论是从结果推证原因。例如：

（1）某人没有一定的职业，应当很穷。（因果论）
（2）某人到了严冬还穿夹衣，可见他很穷。（符号论）

符号论是以实际的形迹（符号）来证明所论的真确的。见学生上课时在讲堂中睡眠，说教师不能引起学生的兴味；见水的结冰，说大气的温度在冰点以下；见日本打胜了俄国，说日本比俄国文明程度高：这都是符号论。通俗所谓"理由"的，大概是因果论；所谓"证据"的，大概是符号论。

因为同一事实，可以由种种的原因发生，所以符号论虽是由结果而推论原因的议论，也是不完全可靠。例如：

（1）学生上课时在讲堂中睡眠，足见教师不能引起学生的兴味。

这议论也可有别种的说法：

（2）学生上课时在讲堂中睡眠，足见学生不十分注意学业。
（3）学生上课时在讲堂中睡眠，足见学校的功课太繁重，学生担负不下。

…………

符号论一不小心就容易生出谬误。因为是博士，就崇拜他，说他有学问；因为是孔子说的，就相信它一定不错；因为西洋人也这样那样，所以非这样那样不可；看看报上某商店的广告，就信某店的货物精良：都是这一类的谬论。

符号论中最可靠的，是那结果只有一种原因可以生出来的时候。例如：

（1）河水结冰了，可知天气已冷到摄氏表零度以下。

这是可靠的议论，因为除了天气已冷到摄氏表零度以下，没有别的原因可以使河水结冰的。但是像：

（2）碗中的水结冰了，可知天气已冷到摄氏表零度以下。

这就不大可靠。因为使碗中的水结冰的原因还有别的，人工的方法就是一个。

就大概说：自然界的现象，符号论大体可靠，一涉到人事，关系非常复杂，用符号论大须注意。

六

各种议论的联络

前节所述的四种议论,各有缺点,所以单独使用很不可靠。但是若能将二种以上的议论联结起来,就成有力的议论了。例如甲有杀乙的嫌疑时,如果在同一事情,得到下列种种事实,那么甲是嫌疑犯,差不多可以断定了。

(1)甲的性情粗暴。(因果)
(2)甲与乙曾因金钱关系有宿怨。(因果)
(3)某次甲曾用刀和人格斗。(例证)
(4)乙被害时,甲不在家,其时为夜半。(符号)
(5)甲家中有带血的衣服和刀。(符号)

以上是三种议论的联结,若能四种联结,更为可靠。所应注意的,就是因果论和符号论并不全然可靠,至于例证论和譬喻论更只能做补充用,力量很微弱。即以上例来说,虽已有五个证据,但最多只能说甲有嫌疑,至于甲是否杀乙，依然不能断定。所以，关于这一类事实要下判决，非有确实的人证（如当场见到）或物证（如刀与伤口）不可。因此，裁判官只能用各种方法引诱甲自行承认，而不能依自己所得的盖然的证据推断。因为上面的事实，甲和别人血斗或杀的不是乙，甚或别人嫁祸，（4）和（5）都可以存在的，至于（1）（2）（3）都是已过的事，用作证据本来力量很不大。

七

议论文的顺序

文章原无一定的成法，议论文的顺序当然也不能说有一定。以下所说的事项，不过是普通的说法。

（一）命题的位置　议论文原是对于命题的证明，命题当然是议论文的根本。所以命题在一篇文章中应该摆在什么地方，是先列命题，后来说明呢；还是先加说明，后出命题呢？这实在是一个问题。

在最普通的文章，应该先提出命题，使读者开首就了解全篇主旨所在。若是把文章读了半篇，还不能晓得究竟讲点什么，这类不明晰的文章，普通不能算好的。

先列命题，能使文章明晰，却是有时也不应当先将命题列出：

第一，命题容易引起反对的时候。例如对学校学生主张有神论，或对宗教家主张无神论的时候，倘使先把命题揭出，必致开端就惹起观听者的反对，以后虽有很好的证明，也不足动人了。这种时候，应当先从比较广泛点的地方起首。对学生讲有神论，可先从科学说起，说到科学不可恃，再提出有神论来。对宗教家主张无神论，可先说古来有神论和无神论的派别，各揭出其优劣，使听者觉得无神论也有若干的根据，然后再提出自己主张无神论的意见。

第二，命题太平凡的时候。例如在慈善会场中演说"人要有慈善心"的时候，若开端先将命题提出，听的人就厌倦了。这种时候，可从"生存竞争的流弊"等说起，使听者感觉慈善的必要，然后再提出本命题来。

（二）证明的顺序　通常因果论应当列在前面，符号论列在最后。因果论若列在最后，就使已经证明的事情和当面的问题无涉。若四种论证都全备的时候，就是（1）因果论、（2）譬喻论、（3）例证论、（4）符号论，这是最普通的。

先列因果论，使读者预想有像结论的事实。次列譬喻论和例证论，使读者预想着在别时别地所有的事实，或者在此也要起来。到了最后的符号论，使读者觉得所预期要起来的事实果真起来，就能深切地信从了。再用前面所举的甲杀乙的事例来说：

（1）甲与乙因金钱关系有宿怨。（使读者预想甲或因此杀乙。）

（2）甲虽是个平和的人，但是愤怒会改变素性，好像水虽平静，遇风也要起浪。（使读者信平和的甲也可杀乙。)

（3）从前某人某人都是平和的人，都因愤怒及金钱关系，有过杀人的行为。(使读者因从前的实例，坚信甲有杀乙的可能。)

（4）甲家有带血的衣服，且乙被害时，甲确不在家。(因证据使读者坚信甲是杀乙的。)

八

作驳论的注意

议论文以推理为根据,除了自然界的现象以外,人类社会的事情非常复杂,而人的推理又非绝对可恃,所以无论何种名文,总不免有驳击的余地。并且议论原是假定有敌论者存在,否则已用不到议论。从这一点说,议论文可以说是广义的驳论了。今姑且就一般的所谓驳论,略述一二。

(一)寻求敌论的立脚点

要反驳敌论,自然以从要害驳击为最有效,所以寻求敌论的立脚点是第一步功夫。对于敌论应当找出它的主旨,就是根本的命题。其次要寻出它证明的根据和法式——演绎或归纳或类比。

(二)反驳的方法

对于敌论所用的证论的法式既已明了,只需检查它违犯哪一种条件。但只是将证论推翻,不一定就能打倒敌论的根本命题,所以最重要的还是对于这命题的驳击。

命题由性质上分，有肯定和否定两种，如本讲第二节所说；若由分量上分，又有全称和特称两种。例如：

全称命题
（1）凡人是动物
（2）凡人非木石
特称命题
（3）有动物为人
（4）有动物非马

上例在质上（1）（3）是肯定，（2）（4）是否定。所以从质和量上分，命题有四种：（1）全称肯定，（2）全称否定，（3）特称肯定，（4）特称否定。

将质或量不同，而所含的概念相同的命题对证，称为对当。对当有各种形式，须于论理学中求之。现在只讲其中的一种矛盾对当，即全称肯定和特称否定以及全称否定和特称肯定。矛盾对当的性质是此真则彼伪、此伪则彼真，因此对于敌论命题的攻击，这种方法最方便而有效。

议论的命题应当是全称，若为特称立论本已非常无力，所以驳击敌论的全称命题，只需从它的矛盾对当的特称命题下手，因为证明特称命题实较证明全称命题容易。例如：

（1）敌论——凡哺乳动物都住在陆上。

——全称肯定

驳论——有哺乳动物（鲸）不住在陆上。

——特称否定

（2）敌论——白话不能达古书之义。

——全称否定

驳论——有教师讲解时白话能达古书之义。

——特称肯定

上例若驳论成立，敌论当然被推翻，而驳论都是特称，只要有一二例证就可成立，所以最方便而有效。

〔注意〕证明全称肯定或否定以推翻特称否定或肯定也是矛盾对当，但于作驳论少有用处，所以不详细讲了。

（三）应注意的条件

作驳论应注意的重要条件有下列的三个。

第一，勿助长敌论的声势。敌论者如果是有声望的人，议论往往在一般人的心里有强固的印象。这时候务必设法使敌论的印象减轻，以便自己的议论容易透入人心，切不可助长敌手的声势。例如对某博士的文字作驳论的时候，如果说：

> 某君是个博士，是个大学教授，学问很渊博，他的议论，当然不是我们做中学生的所够得上批评的。
>
> 不过……

这就是不利于自己的议论。但是也不可因此而发些轻薄的议论去糟蹋对方，这是作者的人格问题。

第二，勿曲解敌论。驳论是将自己对于敌论的反抗，公诉于一般的读者的文字。对于敌论必须不以恶意去曲解它。否则无论怎样，不能击中它的要害，并且不能得读者的同情。

第三，驳论的位置。最有力的驳论最好放在中部，后半篇可用强有力的方法发挥自己的主张，使读者忘了所读的是驳论，而信从自己的主张。

以上所说的各项，并不是想取不正当的胜利，只是用来防不应当有的失败，千万不要误用。文章真要动人，非有好人格、好学问做根据不可，仅从方法上着想总是末技。因为所可讲得出的不过是文章的规矩，而不是文章的技巧。

[练习]

（1）试将读过的一篇议论文，分解它的论证法。

（2）试就读过的一篇议论文作驳论。

| 第六讲 |

小品文作法

一

小品文的意义

从外形的长短上说，二三百字乃至千字以内的短文称为小品文。前几讲所讲的记事、叙事、说明和议论等，是从文的内容性质上分的，长文和小品文只是由外形而定。因此小品文的内容性质全然自由，可以叙事，可以议论，可以抒情，可以写景，毫不受任何的限制。

小品文，我国古来早已有了，如东坡小品就很有名，普遍的所谓"随笔"，也可看作小品文的一种。近来在各国，小品文更盛行，并且体裁和我国的向来的所谓小品文大不相同。现在的所谓小品文实即 sketch 的译语。大概都是以片段的文字，表现感想或实生活的一部分的。例如：

雪　夜

从早晨就暗淡的天，一到夜就下了雪了。由窗隙钻入的寒气冷到彻骨，好像是什么妖魔用了冰冷的手，来捉摸人的头颈似的。才将夜饭碗盏收拾好的母亲，在灯下又开始做针线。父亲呢，一心地看着新闻。饭毕就睡了的小妹，好像是日间跑得太厉害了，时时在被窝里发出惊叫来。

　　雪依然没有止，后园里好几次地有竹折断的声音。夜不觉深了，寒气渐渐加重，连远处传来的犬吠声，听去也觉得分外地带着寒森凄清了。（写景）

红蜻蜓

　　就枯草原上卧了，把书翻开，忽然飞来了一个红蜻蜓，停在书页上面。头影一动，就好像触怒了它的样子，即刻飞去了。飞也不远，仍旧回到原处。我寂然不动地看它：尾巴缓缓地孑孑地动着。薄薄的两只翼翅，尽量伸张，好像单叶式飞行机的样子。不时又闪转着那大而发光的眼睛。

　　在晚秋的当午的强烈的日光中，红色的蜻蜓，看去却反觉有点寂寞。（状物）

田　畔

　　倦了在田畔坐息，前面走过了穿着中学校制服的学生们，仔细一看，是K君与N君。他们不知道我在这里，一边走着，一边高声地谈着。

　　唉！唉！在小学校的时候，我比K君、N君成绩好得多，先生也说我是有望的少年，只为了贫穷的缘故,就这样朝晚与田夫为伍。我难道竟以田夫过这一生吗?

那未免太悲哀了!但是有什么法子可想呢?我心如沸了!虽自己不愿哭,眼泪已流到颊上了!(抒情)

鸡

鸡告诉我们天地的觉醒,但所告诉的并不一定是光明。

鸡的第一次开声,是夜的最黑暗的时候。

鸡在深暗中叫,鸡是在深暗中叫的!(议论感想)

读者读了上面的例,当可明白小品文是怎样的东西了。小品文虽然也有独立制作的,其实多散见于长文中。有名的文学作品中含有小品文极多,几百页的长篇小说,也可看成小品文的连续。在近代作品中,果能节取,随处可得到很好的小品文范例。例如:

风雨的强度渐渐地退减,不久,就只剩了雾样的非常美丽的细雨。云的弧线一点点地透升上去,长而且斜的日光,即落在地上了。从云的裂缝里,露出一条碧色的天空,这裂缝次第展开,像个揭去面纱的样子,既而澄净深碧的天空就罩住世界。新鲜的微风拂拂地吹着,好像地球的幸福的叹息。掠着湿雨的小鸟的快乐的歌声，可从田野森林间听得。

——莫泊桑《一生》

　　从黎明起，平常所没有的凝然而沉的浓雾，把一切街道闭住了。这虽若干地轻微透明，不至于全不看见东西，可是在雾中行走的人们，都已浸染着了那不安的暗黄色。女人脸上鲜活的红色以及动人目的衣服花样，都好像隔了一层黑的薄纱，在雾中有时茫然地暗，有时豁然地鲜明。南首天空，在蚊帐样的黑云里，藏着日脚很低的十一月的太阳，比地上远来得明亮；北首则到处沉暗，好像低挂着大大的幕，下面昏黄而黑，物象分辨不清，几同夜间一般。于这沉滞的背景中，模糊地浮出着薄暗的淡灰色的屋宇，在秋天早已荒废了的某花园的门口竖着的两圆柱，看去宛像死人前面列着的一对的黄蜡烛……

——安得列夫《雾》

　　祖母死后数年，父母也都跟着做了这墓中的人，到现在已星霜几易了。墓碑满了藓苔，几乎看不出文字，虽默然地立着不告诉我什么，但到此相对，不觉就如目见墓中人一样。他们生前的情形，都一一不可遏地奔到我心上来：祖母驼圆了背在檐下曝日的光景，父亲的将眼鼻并在一处打大喷嚏的神情，母亲着了围裙浆洗衣服的样子，都显然地在我眼前浮出。

　　飒然地风来了，树叶瑟瑟地作声。明知道只是树叶的声音，然在我无余念的人的耳中，好像是有一种曾听见过的干皱的沙音、快活的高声和低而纤弱的喉音，纷然合在一起，在那里忙说着什么似的。忽然间声音一停，以后就寂然了。

我的心也寂然了。从这寂然的心坎中忽然涌起了怀慕的心情，不觉眼中就含了泪了。唉！如果可以，我愿就这样到墓中去，不再返尘世了！

——二叶亭四迷《平凡》

以上不过就近代外国文学作品中略举数例，这样好的小品文，在我国好的文学作品中当然也很不少。如《儒林外史》中的王冕放牛和《水浒传》中的景阳冈一段，都可作小品文读的。读者只要能留心，就可随处得着小品文的范例了。

第六讲　小品文作法

二

小品文在文章练习上的价值

小品文自身原有独立的价值，且不详论。练习小品文，对于作长文也很有帮助，就是可以增长关于作文所需要的各种能力，所以对于文章练习上，利益很多。兹述一二于下。

（一）可为作长文的准备

画家学画，须先从小部分起。非能完全描一木一石的，绝不能画全幅的风景；非能完全写一手一足的，绝不能画整个的人物。文章也是这样，不能作全部分的文字的，即使作了长篇的文字，也绝不会有可观的价值。所以与其乱作无谓的长文，不如多作正确的小品文。换句话说，就是学文须从小品文入手。

（二）能多作

文有三多：多读、多作、多商量，这是学文者无可反对的条件。但长篇文字要多作，实不容易，小品文内容既自由，材料又随处可得，并且因字数很少，推敲、布局都比较容易，很便于多作。能多作，作文的能力就自然进步了。

（三）能养成观察力

小品文形既短小，当然不能容纳大的材料。因此，要作小品文，无论写情、写景，非注意到眼前事物的小部分，将它的特色生命来捕捉不可。这么一来，结果就可使观察力细密而且锐敏。细密而且锐敏的观察力，实在是文人最重要条件之一。

（四）能使文字简洁

要作小品文，因它的字数有限，断用不着悠缓的笔法，非有扼要的手腕不可。所以学习小品文，可以使文字简洁。初学作文，最普通的毛病是冗漫、宽泛，因为初学者对于材料还没有选择取舍的能力，不容易得着要领。若作小品文，这毛病立即现出，渐渐自然会简洁起来，而对于材料也能精于选择、取舍。这种工作，原是作文的第一步，也就是作文方法的一切。如果真能通达，已可算得有作文的能力了。

（五）能养成作文的兴味

初学作文的人，往往因为作得不好，打断兴味，而自觉失望，这是常见的事。长篇文字所需的材料既多，安排也不容易，初学的人当然没有作得好的可能，屡作都不好，兴味就因而萎缩了。小品文以日常生活为材料，并且是片段地收取，因而容易捕捉，材料既不复杂，安排也容易，即使作得不好，改作也不费事。为了这样，学作小品文既容易像文字，而很好的成绩偶然也可得着，作者的兴味当然可以逐渐浓厚。

学作小品文的好处如要细述，还不止此，但这已很足证明有学它的必要了。读者要学作文章吗？先努力作小品文吧！

三

小品文练习的机会

小品文随时可作、随地可作，不必再待特别机会。这里姑举一二便于作小品文的机会于下。

（一）日记

日记因人的境遇、职业不同，种类当然很多，但大体可分为二种，一是只记述行事的，一是记述内面生活的。在普通人的日记中，两种时时相合，前者重事实方面，后者重心情方面。例如：

晨五时起，到后园散步，早膳后赴学校。授课三小时。傍晚返寓。S君来谈某事，夜接N自沪来信。灯下作复书。阅新到杂志。十时就寝。

数日来的苦闷，依然无法自解。来客不少，可是都没有兴高采烈地接待他们。客散以后，一味只是懊恼，恨不得将案上的东西，掷个粉碎。天一夜，就蒙被睡了。

上面二例，前者是以行事为本位的，后者是以心情为本位的。两者虽任人自由，没有限制，但为练习文章计，应当注意这两方面的调和。一味抒述内心生活，虽嫌虚空，然账簿式的事实的排列，也实在没有趣味。因此，最好的日记是于记述事实之中，可以表现心情的作法。请看下例：

  昨晚执笔到一点钟，起来觉得有点倦懈。天仍寒雨，窗外桃花却开了。H来谈，知N已病故，不胜无常之感。忽然间N的往事，就成了全家谈话的材料了。下午到校授课，夜仍译《爱的教育》，只成千百字。

上例虽不甚佳，然可视为两方调和的一例。我国古来，日记中很有可节取的文字。案头现有《复堂日记》，摘录一节如下：

  积雨旬日，夜见新月徘徊庭阶，方喜晴而础润如汗，雨意未已。二更猛雨，少选势衰。枕上阅洪北江《伊犁日记》《天山客话》终卷。睡方酣，闻空楼雨声密洒，霆雷如百万军声，急起，已床床屋漏矣。两炊许时，雷雨始息，重展衾枕，已黎明，是洪先生出关，车行三四十里时也。

这是清人谭复堂日记的一节，可以作小品文读的。笔法虽与现代的不合，但对于现实生活的忠实的玩味力和表现力，是可以为法的。

一个人每日的生活必有几事可记的。一日的日记，如果分析起来，实有几个独立的小品文可成。通常日记不必使每一事实都成小品文，只要使一日的日记全体为一小品文，或于其中含一小品文就够了。上例就是于一日的日记中含一小品文的。

日记的价值可说的很多，练习文章也是价值之一。因为日记是现实生活的记录，日记的文字可以打破一切文字上的陈套。要作好日记，非体会吟味现实生活不可。所以从日记去学小品文是很适当的。

（二）书札

书札与普通文字路径不同，尽有能作普通文字而不能作书札的。书札有实用与非实用的二种。实用的书札普通都是随笔写成，不加功夫；至于非实用的，则非有练习功夫的人是不能作的。日常的书札中往往含有这实用的与非实用的两方面。例如：作书托友人介绍医生，而附述自己病床的景况，前者是实用的，后者是非实用的。又如：作书约友人来游，而叙述所在地的景物，前者是实用的，后者是非实用的。

讲到趣味，作书札比作日记更多，因为日记是独语，而书札却是对话了。知友把他的生活情况来报知我们的书札，我们都非常乐读；我们能于书札中，表现我们的生活，使朋友晓得，他们将怎样地欢喜呢！

我国古来书札中，佳例很多。兹随录一二为例：

某启，两日疾有增无减，虽迁闸外，风气稍清，但虚乏尔。儿子何处得《宝月观赋》，琅然诵之。老夫卧听未半，跃然而起，恨二十年相从，知元章不尽。若此赋当过古人，不论今世也。天下岂常如我辈愦愦耶？公不久当自有大名，不劳我辈说也。愿欲与公谈，则实未能，想当更后数日耶？

——苏东坡《与米元章》

某到黄陂，闻公初五日便发，由信阳路赴阙，然数日如有所失也。欲便归黄州，又雨雪间作。向僧房中明窗下拥数块熟炭，读《前汉书·戾太子传赞》，深爱之。反复数遍，知班孟坚非庸人也。方感叹而公书适至，意思豁然。稍晴暖，当扬帆江上，放舟还黄也。

——苏东坡《与滕达道》

庭前小梅数株，绿衣素妆，娟好如汉宫人。幽斋无事，静对忘言。或时移书吟咏其下，攀条摇曳，暗香入怀。每当惠风东来，飘拂襟袖，挹其清芬，宛然如见故人。今虽飞琼碎玉，点点青苔，然片光孤影，独仿佛缭绕左右。倘能乘兴而来，巡檐一索，便可共吟楚些，共招落梅魂也。

——汤传楹《与尤展成》

上所举的例虽与现代文体不同，然都能表示现实生活，不只简单地排列要事，很能使受书的爱读，而且读了增加不少的兴趣。由此可知：要作好书札，非加入现实生活的背景不可；若不将现实生活做背景，文字就不能动人。试比较下二例：

（甲）昨日在某处遇见H君，知S君即将于下星期内赴英伦。我和H定于明晚在某处设宴饯行，特写信约你，请届期与会。

（乙）昨日在某处遇见H君，知S君即将于下星期内赴英伦。S君要赴英留学，原是早有所闻的，却不料别离有这样快！寥寥的朋辈中暂时将又少一人了。已和H约定，明晚在某处设宴饯行，特写信给你，请届期与会。于离别以前，大家再一亲S君的快活的面影，话一番小学时代的旧事吧。

这是编者漫然作成的例。（甲）和（乙）相较，（甲）是只列事实，（乙）是兼述生活和心情，（乙）较（甲）有情趣，读了自可了解了吧。

　　书札中能兼述生活情趣，就能不呆滞而饶兴味。这不但在本文中如此，随处都是这样。举一例说，即如署名下的月日就可有各种记法。"某月某日""某月某日灯下""某月某日游山归来""某月某夜蟋蟀声中"，这些记法，后面的比前面的，趣味就有多少的分别。

　　这里所应注意的，就是要真实无饰。若专袭套语，徒事修饰，是毫无用处的。只要能表现现实生活，就可以引起读者情趣；若徒把古人或今人的美辞丽句来套袭，就要成呆板讨厌的文字了。旧式书简中很多这种毛病，不可不知。

四

小品文作法上的注意——着眼细处

小品文是记述现实生活的一部分的东西,以描写部分为目的;要写全体的事象,当然不是小品文所能胜任的。所以作小品文必须注目于事物的细处,就极微细极琐碎的部分发现材料。习作小品文所以能使人的观察精细敏锐,原因就在这一点。试看下例:

(甲)鳞云一团,由西上升,飞过月下,即映成五色,到紫色缘边,彩乃消灭。团栾的月悬在天心,皎皎的银光笼罩着平和的孤村。四边已静寂了,地底下潜藏的夜气,像个呼吸似的从脚下冲发上来。

——《月夜》

(乙)一到半夜,照例就醒,醒了不觉就悄然。窗外有虫叫着,低低地颤动地叫着,仔细一听,就是每夜叫的那个虫。

我不知于什么时候哭了,低低地颤动地哭了。忽而知道,这哭的不是我,仍是那个虫。

——《虫声》

上二例都是描写秋夜的,一以月为题,一以虫声为题;一以景色为主,一以作者的心情为主。趣向不同,好坏虽难比较,然秋夜的情调,二者中,何者比较能表示出来呢?不用说,后者胜于前者了。这个原因,是由于(甲)欲以短小的文字写繁复而大的景物,(乙)却只写虫声(一个虫声)的缘故。

欲在一小文中遍写一切,结果必致失败。初学者作"春日游某山记",往往将上午某时出门,途遇某友,由何处上山,在何处休息,何处午餐,游某寺某洞,某时下山,怎样回家等,一一列举于短小的文字中,结果便成了一篇板笨的行事账簿,当然没有什么趣味可得的。

不但描写景物是这样,即在抒情文、感想文、议论文中,也是如此。小品文的材料,与其取有系统的、整个的,不如取偶发的、片断的。例如:

去年今日此门中,人面桃花相映红。
人面不知何处去,桃花依旧笑春风。

这是崔护的诗,所以读了能使人感动,全在他能触物兴感,把偶发的、片断的材料来活写的缘故。如果平铺叙述,把一切事件都说到,就成了"崔护某处人,一日在某处遇一女郎……"样的一篇东西,使人读了,最多也不过得着"哦,有这么一回事"的感觉罢了。

就事件的全体来做小品文的材料,结果只能得到点轮廓,不能得其内容。用譬喻来说,轮廓的文字好像地图,是不能作为艺术品的。我们要作绘画样的文字,不需要地图式的文字。因为从绘画上才有情趣可得,从地图上是不能得到的。

从许多片断的部分的材料中,选出最可寄托情感的一点拿来描写,这是作小品文的秘诀。好像打仗,要用少数的兵去抵御大敌的时候,应该集中兵力,直冲要害,若用包围式的攻战法,就要失败的。

五

小品文作法上的注意——印象的

精细的、部分的描写，胜于粗略的、全体的叙述和说明，这是从前节已可知道的。那么，什么叫作描写呢？

描写是照了事象把它来从笔端现出的意思，和绘画所用的意义相同。说明固然不是描写，叙述也不是描写。旧式文章中说明和叙述的分子很多，近来的文章，除了批评文、感想文等以外，差不多都以描写的态度出之了。

我国古来纯文学作品中很有描写佳例，随录一二，读者当能了解描写的态度。

山色倒侵溪影，一路随孤艇。
——杨仪《桃源忆故人》
寒风吹水，微波皱作鱼鳞起。
——赵宽《减字木兰花》
仰视浮云驰，奄忽互相逾。
——李陵《与苏武诗》

> 斜日坠荒山，云黑天垂暮，时见空中一雁来，冷入残芦去。
>
> ——蒋冕《卜算子》

于上列各例，读者对于他们观察事物的精敏，大约佩服了吧！简单点说，描写就是观察的表出，不会观察事物的人是断不能描写的。前节所说的宁作小部分的描写，不可作全体的叙述和说明。换句话说，就是要描写的，不可是叙述的、说明的。因为短小的文字中，若要装载整个的有系统的材料，必致流于说明、叙述，结果便只存了轮廓而使内容完全空虚了。

但从另一方面看，所谓描写的就是"印象的"意思。我们与事物相对时，心情中必有一种反应或感觉，这普通称为印象。描写是照了所观察的事象如实写出，就是要把印象写出。所以如果是描写的文字，必会成印象的文字。上面所举的描写诸例，都是印象的，都能将自己对于事物所得的印象传给读者。

将自己所得的印象，不加解释说明直现出来，使读者也得着同样的印象，这叫作印象的。试看下例：

（甲）才开窗，湿而且重的温风即吹来，花坛的花枝都带着水珠。蔷薇已落了许多，有几瓣还乱落在花坛外，沾着些泥土了。油也似的雨，还丝丝地亮晶晶地从檐口挂下，罗岩山山腰以上，无声地放着破絮似的云，铅样的湿烟，低低地笼罩湖水，一切都沉滞得如在水银中一样。

——《时雨的早晨》

（乙）起来正六时，天还未晴，开窗一看，湿而且重的温风就迎面吹来。花坛的花枝上都带着水珠，知道昨夜大雨。蔷薇已落了许多。这蔷薇是今年正月里亲自种的，前天才开，不料就落了。有几瓣还乱落在花坛外，沾着些泥土，这大约是昨夜风大的缘故吧。

油也似的雨，丝丝地亮晶晶地，从檐口挂下，不从檐口去看，却看不出。罗岩山山腰以上放着破絮似的云，天恐一时不会晴呢。铅样的湿烟，低低地笼罩湖水，一切沉滞得如在水银中一样。唉！真令人闷极了。

上面二例，（甲）只述目见的光景，（乙）则于述光景以外，又加入作者自己的解释或说明。读者读了，不消说是取前者不取后者的吧。因为前者比较能把印象传给读者，且所传给读者的只有印象，所以读了容易感染。至于后者则像以谆谆的态度教示读者一样，读者读了感到很不自由；且因所传给读者的不止印象，还夹杂着许多不相干的东西，所以印象也就不能分明地传给读者了。

我国旧式文字中往往以作者自己的态度，强迫读者起同感。如叙述一悲事，结尾必用"呜呼，岂不悲哉！"叙述一乐事，必要带"可谓乐事也已"之类。其实这是强迫读者的无理的态度。悲不悲，乐不乐，读者自会感受，何必谆谆然教诲人家呢？

描写！描写！部分的、精细的分写，胜于全体的叙述和说明！再进一步说，要印象的描写！

六

小品文作法上的注意——暗示的

前节的所谓部分的描写,并非一定主张绝对地描写一部分,目的是要从部分使人仿佛感知全体。既然能印象地描写,把部分的印象传给别人,全体的影子必然在其中含着,所以必能将全体的光景暗示读者。说明的文字易陷于轮廓的,范围常有一定,文字就往往无余情可得;描写的文字部分虽小,范围却无限制,可以暗示种种复杂的情景于读者。所以数千字的说明、叙述的文字,有时效力反不及百字内外的描写的文字。小品文的价值大半在此。如果部分的描写,只能收得部分的效果,那就不是好文字。在这个意义上,小品文远比别的长文来得难作。据说,法国雕刻家罗丹雕刻一胸像的时候,先做一全像,完成了再截去手足,而只留下胸部以上的部分。作小品文也非用这样的态度不可。

不要说明的和叙述的,要描写的,要印象的、暗示的,其实这许多话的根本完全相同。说明和叙述必无余情,能描写，自然会成印象的，同时也自然是暗示的了。试看下例：

> 邻家的柿树今年又结了许多的实了。这家有一个很可爱的小孩。去年这时候，他爬上树去摘那柿子，不小心翻下来了。他哭得不得了，他的父母赶快将他送到医院里去，结果左手带了残疾了。他垂下了左手走过这树旁的时候，总恨恨地对着树看的。真可怜呢！
>
> ——《柿树》

这例彻头彻尾是叙述的、说明的，并无趣味，也没有余情，使人读了不过得着一个大概的轮廓，除了说一句"原来如此"以外，并不会起何等的心情。试再看下例：

> 近地的孩子们笑着喊着，忘了一切捉着迷藏。从折手以后，就失了大将地位的芳哥儿，悄然地在他自己门口徘徊，恨恨地对着那柿树的弯曲的枝杈。他是因从这树上翻下，成了一生不可恢复的残疾的。
>
> 圆圆的月亮，从柿树的弯曲的枝杈旁上来了，"月亮弯弯……"芳哥儿用眼角瞟视着在狂耍的俦伴，一面大声地唱了起来，眼泪忽然含不住了。

这例和前例面目就大异，芳哥儿的悲哀，以及好胜的性格、将来的命运等等，都可在此表露，是有余情、有个性的文字。前例是事情的全体，后例却只是一瞬间的光景，而效力上，后者反胜于前者。可知部分的、印象的描写，可以暗示全体。前例是地图式的文字，后例却是绘画式的文字。

用了部分去暗示全体，才会有余情。在这里，可以觉悟小品文并不是容易作的，所得部分，要有全体做背景才可以。并且，部分与背景的中间，最好要有有机的、不可分的关系存在。譬如水上浮着的菱，虽只现一小部分的花叶，但水中却有很繁复的部分潜藏着；而水中潜藏着的繁复的部分，和水上所现出的简单的部分还有着不可分的、有机的关系。

暗示是小品文的生命，但所谓暗示可分两部分来看：一是笔法的暗示，一是材料的暗示。前者比较容易，后者实在很难。如能用暗示的笔法去描写暗示的材料，那就是最理想的了。前面所举的崔护的诗，其好处全在他能用暗示的笔法去描写暗示的材料。

七

小品文作法上的注意——中心

前面曾说：小品文好像以寡兵抵大敌，非集中兵力，直冲要害不可。又说：如果取整个的、多数的材料，不如细密写少数的、部分的材料。这里所谓中心，也就是这种态度的别一方面。

所谓中心，就是统一的意思。小品文字数不多，如果再散漫无统一，必致减少效用，没有可以逼人的能力。试看下例：

仍不到六时就起来了。因循惯了的我，这几天居然把贪睡的恶癖矫正，足见世间没有什么难事，最要紧的就是克己。克己！克己！校中先生所常讲的"克己"二字的价值，到今方才了解。

盥洗以后，散步校园，昨夜新晴的天，又下起雨来。满想趁今日星期天出外游耍，现在看去，只好闷居在校里了。"不如意事常八九",世间大概如此吧。

——《朝晨》

上例前后二段间并无何等的联络,所说的全是截然不同的事,就是无中心、无统一的文字,令人读了以后,不能得着整个的情味。这样的时候,倒不如把两种材料分作成两篇小品文。

没有中心,文字就要散漫无统一,散漫无统一的文字断不能动人。但所谓中心,不是一定限于事项的统一,事项虽不前后联络,只要情调心情上能统一时,仍不失为有中心的文字。例如:专写西湖的早景,是统一的;但于一短文中如果兼写西湖的早景、夜景、雨景而确能表出西湖风景的情调(地方色)时,仍不失为有统一、有中心的文字。试再看下例:

狗叫过好几次了,父亲还没有回来。在洋灯旁缝着衣服的母亲,渐渐把针的运动宽松,手中的布也次第流到桌上去了。

邻家很远,大哥昨日到上海做学徒去了。窗外的风声、犬声,壁上的时钟声,以及母亲的轻微的鼻息声,都使我感到说不出的寂寥。

狗又叫近来了。母亲很无力地张开眼来，好像吃了一惊似的，仍旧提起了皱罗罗布来一针一针地缝着。

夜不觉深了！

——《夜》

上例材料上并不统一，尽有前后无关系的事项。但情调却并不散漫，读了可以使人得着一个整个的寂寞无聊的感情。这就是以情调心情为中心的文字。

从此可知文字不可无中心，这中心用事项来做，或是用情调来做，是不必限定的。只要不是杂凑的文字大概自然都有中心可说，因为我们要忠实地写一事实或一情调时，绝不至于说东扯西，弄成无统一的文字的。

八

小品文作法上的注意——机智

小品文如奇兵，平板的笔法断难制胜，非有机智不可。我们观察事物，有正面观察和侧面观察二种。正面观察每多平板，常不及侧面观察来得容易动人。因为正面的部分是大家都知道的，侧面的部分往往为人所不顾及的。能将人所忽略的部分从事观察，文字就容易奇警，而表现也容易成功。

相传有一画师，出了一个"花衬马蹄香"的画题，叫许多学生各画一幅。大多数的学生都从题目的正面着想，画了许多落花，上面再画一个骑马扬鞭的人。这是何等的煞风景呢！有一个聪明学生却不画一片的花瓣，只画一匹马，另外加上许多只随马蹄飞的蝴蝶，画师非常赞许。这是侧面观察成功的一例。

侧面观察就是于事物的普通光景以外，再去找出常人心中所无而实际却有的光景来。这虽有赖于观察力的周到，但基本却在机智的活动。凡是事物，无论如何细小，要想用文字把它表现净尽，究竟是不可能的事。用文字表现，要能使人读了如目见身历，收得印象，全在一二关于某事物的特色。只要是特色，虽很小很微，也足暗示某事物的全体。

例如：梅雨时候，要描写这梅雨天的光景，如果用平板正面的观察的方法来写，不知要用多少字才能写出（其实无论多少字，也写不完全的）。在这时候，假使有人把"蛛网"详细观察，发现"雾样的细雨，把蛛网糁成白色"的一种特别的光景，把这不大经人意的材料和别的事情景况写入文字中，仅这小小的材料，已足暗示梅雨天了。试再看下列各句：

（1）正午的太阳，照得山边的路闪闪地发白光。山脚大松树的树身上流着黄白色的脂浆。

——《暑昼》

（2）日光在窗纸上微微地摇动，落叶掠下来在窗影上画了很粗的黑线。

——《初冬晴日》

上二例都是侧面描写，并不琐碎地把暑日或初冬的光景来说，而暑日或初冬的光景却已活现了。

以上是从机智的一方面的说明。机智还可从别一方面说：就是文字有精彩的部分，和平常的部分可区别。文字坏的，或者是句句都坏；文字好的，却不是句句都好。一篇文中，有几句甚或只有一句好的，有几句平常的。在好的文字中，这好的几句的位置，常配得很适当。

在平常的文字中，加入几句使成好文字，这种能力是作文者大概必需的。特别地在作小品文时，这能力格外重要。在小品文中，要有用一句使全体振起的能力才好。试看下例：

> 弱小的菊科花开出来使人全不经意，却颤颤地冷冷地铺满了庭阶。无力的晚阳，照在那些花的上面，着实有些儿寒意。原来秋已来了。
>
> ——叶绍钧《母》

这文末句，是使全体统一收束的，在文中很有力量。如果没有末一句，文字就要没有统一、没有余情了。又如：

> 正坐在椅子上诵读英文，忽然一个蚊子来到脚膝下。被它一刺，我身一惊，觉得很难忍；急去拍时，已经飞去了。没有多少时候，仍旧飞近我身边，做嗡嗡的叫声。我静静地等它来，果真它回到原处，它伸直了脚，用口管刺入我的皮肤，两翼向上而平，好像在那里用着它的全副精神似的。我拍死了它，那掌上

沾湿了的血水，使我感到复仇的愉快和对于生命的怜悯。

——某君《蚊》

这篇所以还算好的，关系全在末一句。如没有末一句，全体就没了意义。以上二例都是以末一句使全文振起的，其实有力的句子并不一定限于放在末了。

以上虽就描写文而说，其实所谓侧面观察，所谓一句使全文振起，不单限于描写文，在议论、感想等类的文字中，也很必要。在议论文、感想文中，所谓"警句"者，大都是从侧面观察成功的，有振起全文的能力的。例如：

戏子们何等幸福啊！他们自己随意选择了扮作喜剧或扮作悲剧，要苦就苦，要乐就乐，要笑就笑，要哭就哭。在现实生活上却不能这样。大抵的男女都被强迫了做着自己所不愿做的角色。这个世界是舞台，却没有好戏。

——王尔德

一日一日地过去，无论哪一日，差不多都是空虚、厌倦、无聊，在后也不留什么的痕迹！一日一日地过去，这些时间，原实是无意味无智的东西，然而人总希望共同生存。他们赞美人生，他们将希望摆在人生上面、自己上面及将来上面。啊！他们在将来上面期待着怎样的幸福啊！

　　那么为什么，他们认作来日不像正在过着的今日一样呢？

　　不，他们并未想过这样的事，他们全不喜想，他们只是一日一日地过去。

　　"啊！明日，明日！"他们只是这样自慰，直到"明日"将他们投入坟墓中去为止。

　　可是一等入了坟墓，他们也就早已不想了。

——屠格涅夫

　　上二例都是名文，寥寥数言中，实已揭破真理的一面。其末句都很有力，使人读了怒也不是，哭也不是，笑也不是，不知如何才好。又本讲第一节所举的《鸡》，差不多全体是警句，可以参照。

九

实际做例和添削

（一）第一步

文有用了想象作的，如冒险小说之类，其中所描写的都非作者目见亲历之境，只是想象的产物。就是普通文字中，也不无想象的分子夹杂。但初学的人用想象作文，实不如从观察作文稳当。观察第一要件在真实，观察力若尚未养成，所想象的也难免不合实际。如画家然，必先从摹写实物、人体入手，熟悉各种形态、骨骼、筋肉的变化，然后可从事创作。

但是眼前的材料很多，从哪里观察起呢？这本不成问题，所以发生这疑问实由于着手就想创作名文的缘故。老实说，名文并不是一蹴可就的。在初时，最好就部分的平凡事物中搜集材料，逐渐制作，渐渐地自会熟达，成近于名文的文字。文字的好坏本不在材料的性质，而在表现的技能。善烹调的无论用了怎样平常的原料，也能做出可口的肴馔来。世上森罗万象，一入能文者的笔端就都成了好文章了。

（二）由材料到成文字

无论什么材料都可用，只要仔细观察了，把它写出来就成文字。这样说法，作文不是很容易的吗？其实这是大大的难事。写出原是容易，但要将自己所观察的依样传给别人，使别人也起同样的心情，这却很难，并且不如此，文字就没了意义了。

现在试示一二做例吧。

假定我们观察春日的田野，在笔记本上，得到下列的材料：

（1）草青青地长着，草上有两个蝴蝶在那里翩翩飞舞，一个是黄蝴蝶，一个是白蝴蝶。

（2）小川潺潺流着，水面被日光反射成银白色。

（3）远远的树林晕成紫色，其上飘着蓬蓬的白云。

（4）两个老鹰在空中回旋，不时落近到地面来。

（5）温风吹在身上，日光照在头上，藉草坐了，竟想睡去，我不禁立了唱起歌来了。

材料有了，更要把这材料连缀起来成为文字。那么怎样连缀呢？先就全体材料的性质考察：草——蝴蝶——小川——树林——云——老鹰——温风——日光。这里面，树林和云是远景，老鹰也比较地不近，草、蝴蝶、小川是最和作者相近的。照普通的顺序，先说近的，后说远的，原来的排列似乎也没大错。但依原形连缀拢来，究竟不成文章：第一，接合不稳；第二，词句未净。

（1）句虽明了，但是不干净，多冗词。"草""草上""两个蝴蝶""黄蝴蝶""白蝴蝶"，相同的名词叠出，文趣不好，应改削如下：

青青的草上，有黄白二蝶翩翩飞舞。

这样就够了。（2）没有什么可删，原形也可用。不过突然与（1）连接，文有点不合拍。如果加入一句"草的尽处"，连接起来就不突兀，并且景色也较能表出。

其次是（3）和（4）了。这二者要互易顺序，景物才能统一，为了与上文连接及表出春日的心情起见，上加一句"抬起倦眼仰望"，更得情味。其余一仍其旧，将全体连缀起来如下：

青青的草上，有黄白二蝶翩翩飞舞。草的尽处，小川潺潺流着，水面被日光反射成银白色。

抬起倦眼仰望，两个老鹰在空中回旋，不时落近在地面来。远处的树林晕成紫色，其上飘着蓬蓬的白云。

温风吹在身上,日光照在头上,藉草坐了竟想睡去,我不禁立了唱起歌来了。

这样,文虽不工,但繁词已去,连接也无大病,春野的景色,春日的情感,已能表出若干了。

再示一例吧。假如有这样的一篇学生日记:

某月日,星期。

早晨,近处有一小孩被车子碾伤,门前大喧扰。我只在窗口望了一望,不忍近视。后来知道,这受伤的小孩是某家的独子,送入病院以后即受手术,但愿能医好。

正预习着明日的功课,李君来了。乃相与共同预习。

所预习的是英语。二人彼此猜测先生的发问,不觉都皱了眉。

午餐与李君谈笑共食。

午后到李君家,适他家有亲戚来,李君很忙,我就回来了。

傍晚无事。

灯下继续预习毕,翻阅小说,至敲十一点钟,始惊觉就寝。

先就第一节看，所记的是偶发事项，与自己无直接关系，似乎是可记可不记的材料。如果要记，应只用简洁的词句，不应这样冗长。可改削如下：

早晨，有一个小孩在门口被车子碾伤。附近大喧扰。听说送入医院去了。

这样已够，再改作如下，则更好：

早晨，有一个小孩在门口被车子碾伤，为之怆然。

"为之怆然"这是感情的语句，加入了可以表出当时的心情。这种表示感情的语句，要简劲有余情，能含蓄丰富才好。

再检查第二节。这节中末句"皱了眉"很好，但开端太冗滞，宜改削如下：

正预习明日的英语，李君来了。乃相与共同预习。彼此猜测先生的发问，不觉皱了眉。

原文，"预习"两见，"所预习的是英文"，是无谓的说明。改作如上，就比较妥当了。

第三节无病。第四节"他家有亲戚来"云云，也与自己无关系，可省略，改如下：

午后因送李君，顺便一到他家就归。

第五节的"傍晚无事"全是废话，无事，无事就是了，何必声明呢？当全删。

第六节无病，末句能表出情味，不失为佳句。

分段与选题

（一）文的分段

文字的分段和句读性质一样，同是表示区划的。最小的区划是读，其次是句，再其次是段。有时还有空一行另写，表示比段更大的区划的。

分段不但使文字易读，且使文字有序不紊。分段有长有短，原视人而不同，但大体也有一定的标准，就是要每段自成一段落。用前节的例来说：

青青的草上，有黄白二蝶翩翩飞舞。草的尽处，小川潺潺流着，水面被日光反射成银白色。

抬起倦眼仰望，两个老鹰在空中回旋，不时落近在地面上来。远处的树林，其上飘着蓬蓬的白云。

温风吹在身上，日光照在头上，藉草坐了竟想睡去，我不禁立了唱起歌来了。

这文是分做三段写成的。第一段着眼近处，第二段着眼远处，两不相同，所以换行另写。第三段是心情的抒述，和前二段叙述事物的又不同，所以再别作一段。换一着眼点，就把文字分段，这是普通的标准。

所要注意的就是标准只是相机而定的。例如上文第一段所包含的事物有草、蝶、小川三项，如果在全文描写精细，不这样简单的时候，那么由草而蝶，由蝶而小川，都可说是着眼点的更换，就都应分段了（下面二段也是这样）。上文所以合为一段，一因文字简单，二因所写的都是近景的缘故。

分段还有把每段特别提出的意思，能使分出的文字增加强度。有时，往往因为要想使某文句增加强度，特意分行写列的。试看下例：

K君从车窗探出头来说"再会"，我也说了一声"再会"，不觉声音发颤了。K君也把眼圈红了起来。汽笛威吓似的一作声，车就开动。我目送那车的移行，不久被树林遮阻，眼前只留着一片的原野。

啊！K君终于去了。

我不觉要哭起来了。

这文末二句原可并为一段的,却作二行写着。分段以后,语气加强,连全文都加了强度了。能适当分段也是文章技巧之一,但须入情合理,不可无谓妄饰。

(二)题的选择

文字中,有先有题目,后有文字的;有先有文字,后有题目的。旧式文字往往先有题目,随题敷衍。其实,好的文字都是作者先有某种要写的事物或思想情感,如实写出,然后再加题目的。特别地在小品文应该如此。

题目应随文的内容而定,自不容说。但陈腐的题目不能令人注目,有时因题目陈腐,使本文也惹了陈腐的色彩。过于新奇呢,又易使读者读了本文失望。所以题目非推敲斟酌不可。

举例来说:前节所列春日写景的文字,如果要定起题目来是很多的,"春野""春景""游春"等都可以。但我以为不如定为"藉草"来得切实而不落陈套。

在小品文中,文字须苦心制作,题目也须苦心制作。题的好坏,有时竟有关于文的死活。尽有文字普通,因了题目的技巧,就生出生气来的。

今天母鸡又领了一群小鸡到篱外来了。其中最弱的一只,赶不上其余的,只是郎当地在后跟着。忽然发出异常的叫声,挣扎飞奔,原来后面来了一只小狗。母鸡回奔过来,绕在那小鸡后面,向小狗做着怒势。小鸡快活地奔近兄弟旁边去，小狗慑于母鸡的威势，也就逃走了。

——《亲恩》

这文材料很普通，文字也没有十分大了不得，但"亲恩"这题目实有非常的技巧。因了题目好的缘故，平凡的本文也成了奇警了。这是用题目来振起全文的一例。

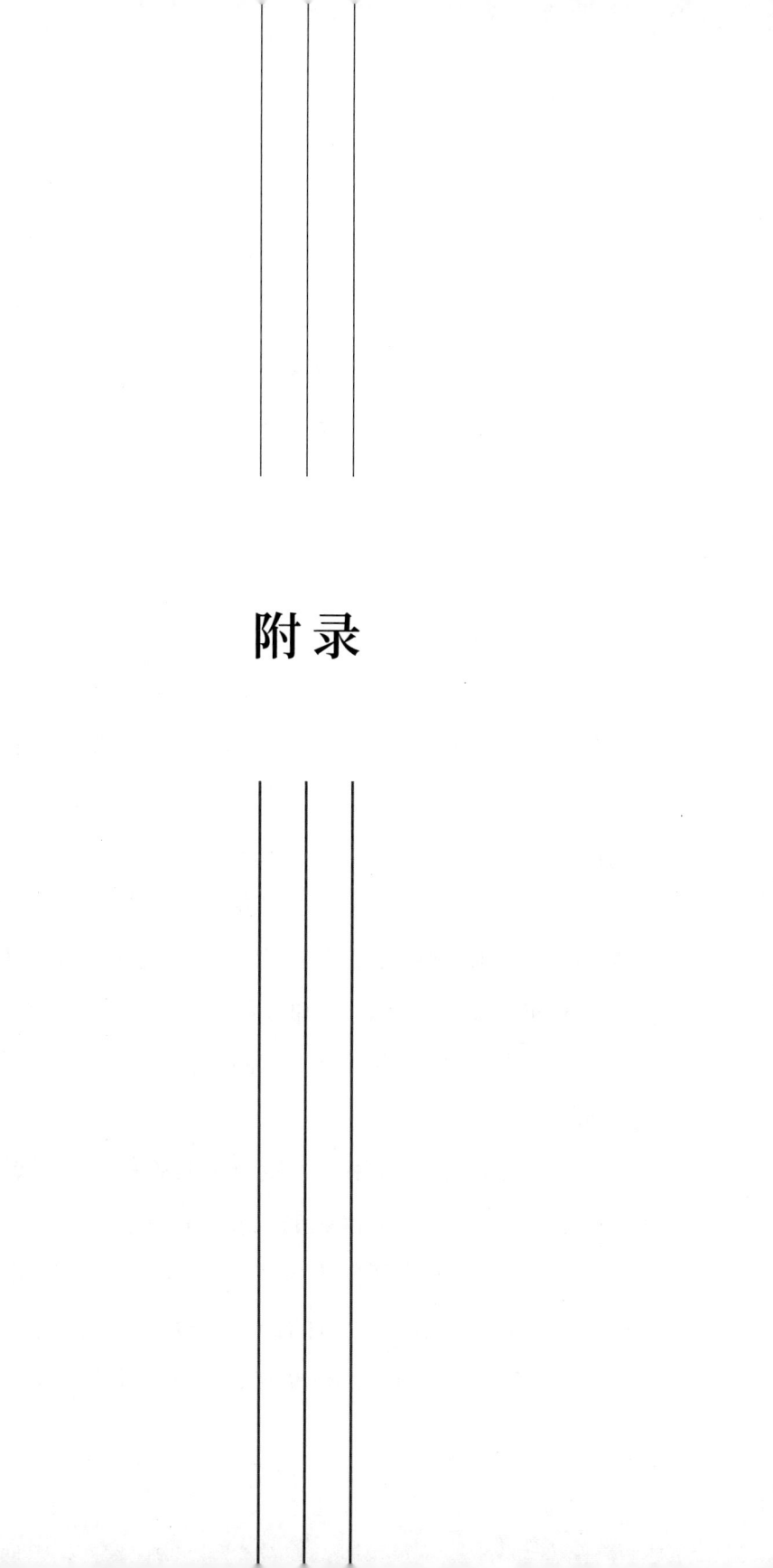

附 录

作文秘诀

鲁迅

现在竟还有人写信来问我作文的秘诀。

我们常常听到:拳师教徒弟是留一手的,怕他学全了就要打死自己,好让他称雄。在实际上,这样的事情也并非全没有,逢蒙杀羿就是一个前例。逢蒙远了,而这种古气是没有消尽的,还加上了后来的"状元瘾",科举虽然久废,至今总还要争"唯一",争"最先"。遇到有"状元瘾"的人们,做教师就危险,拳棒教完,往往免不了被打倒,而这位新拳师来教徒弟时,却以他的先生和自己为前车之鉴,就一定留一手,甚而至于三四手,于是拳术也就"一代不如一代"了。

还有,做医生的有秘方,做厨子的有秘法,开点心铺子的有秘传,为了保全自家的衣食,听说这还只授儿妇,不教女儿,以免流传到别人家里去。"秘"是中国非常普遍的东西,连关于国家大事的会议,也总是"内容非常秘密",大家不知道。但是,作文却好像偏偏并无秘诀,假使有，每个作家一定是传给子孙的了，然而祖传的作家很少见。自然，作家的孩子们，从小看惯书籍纸笔，眼格也许比较的可以大一点罢，不过不见得就会做。目下的刊物上，虽然常见什么"父子作家""夫妇作家"的名称，仿佛真能从遗嘱或情书中，密授一些什么秘诀一样，其实乃是肉麻当有趣，妄将做官的关系，用到作文上去了。

那么，作文真就毫无秘诀么？却也并不。我曾经讲过几句做古文的秘诀，是要通篇都有来历，而非古人的成文；也就是通篇是自己做的，而又全非自己所做，个人其实并没有说什么；也就是"事出有因"，而又"查无实据"。到这样，便"庶几乎免于大过也矣"了。简而言之，实不过要做得"今天天气，哈哈哈……"而已。

这是说内容。至于修辞，也有一点秘诀：一要朦胧，二要难懂。那方法是缩短句子，多用难字。譬如罢，作文论秦朝事，写一句"秦始皇乃始烧书"，是不算好文章的，必须翻译一下，使它不容易一目了然才好。这时就用得着《尔雅》《文选》了，其实是只要不给别人知道，查查《康熙字典》也不妨的。动手来改，成为"始皇始焚书"，就有些"古"起来。到得改成"政俶燔典"，那就简直有了班、马气，虽然跟着也令人不大看得懂。但是这样的做成一篇以至一部，是可以被称为"学者"的，我想了半天，只做得一句，所以只配在杂志上投稿。

我们的古之文学大师，就常常玩着这一手。班固先生的"紫色蛙声,余分闰位",就将四句长句,缩成八字的;扬雄先生的"蠢迪检柙",就将"动由规矩"这四个平常字,翻成难字的。《绿野仙踪》记塾师咏"花",有句云:"媳钗俏矣儿书废,哥罐闻焉嫂棒伤。"自说意思,是儿妇折花为钗,虽然俏丽,但恐儿子因而废读;下联较费解,是他的哥哥折了花来,没有花瓶,就插在瓦罐里,以嗅花香,他嫂嫂为防微杜渐起见,竟用棒子连花和罐一起打坏了。这算是对于冬烘先生的嘲笑。然而他的作法,其实是和扬、班并无不合的,错只在他不用古典而用新典。这一个所谓"错",就使《文选》之类在遗老遗少们的心眼里保住了威灵。

做得朦胧,这便是所谓"好"么?答曰:也不尽然,其实是不过掩了丑。但是,"知耻近乎勇",掩了丑,也就仿佛近乎好了。摩登女郎披下头发,中年妇人罩上面纱,就都是朦胧术。人类学家解释衣服的起源有三说:一说是因为男女知道了性的羞耻心,用这来遮羞;一说却以为倒是用这来刺激;还有一种是说因为老弱男女,身体衰瘦,露着不好看,盖上一些东西,借此掩掩丑的。从修辞学的立场上看起来,我赞成后一说。现在还常有骈四俪六,典丽堂皇的祭文、挽联、宣言、通电,我们倘去查字典,翻类书,剥去它外面的装饰,翻成白话文,试看那剩下的是怎样的东西呵!

不懂当然也好的。好在哪里呢?即好在"不懂"中。

但所虑的是好到令人不能说好丑,所以还不如做得它"难懂":有一点懂,而下一番苦功之后,所懂的也比较多起来。我们是向来很有崇拜"难"的脾气的,每餐吃三碗饭,谁也不以为奇,有人每餐要吃十八碗,就郑重其事地写在笔记上;用手穿针没有人看,用脚穿针就可以搭帐篷卖钱;一幅画片,平淡无奇,装在匣子里,挖一个洞,化为西洋镜,人们就张着嘴热心地要看了。况且同是一事,费了苦功而达到的,也比并不费力而达到的可贵。譬如到什么庙里去烧香罢,到山上的,比到平地上的可贵;三步一拜才到庙里的庙,和坐了轿子一径抬到的庙,即使同是这庙,在到达者的心里的可贵的程度是大有高下的。作文之贵乎难懂,就是要使读者三步一拜,这才能够达到一点目的的妙法。

写到这里,成了所讲的不但只是做古文的秘诀,而且是做骗人的古文的秘诀了。但我想,做白话文也没有什么大两样,因为它也可以夹些僻字,加上朦胧或难懂,来施展那变戏法的障眼的手巾的。倘要反一调,就是"白描"。

"白描"却并没有秘诀。如果要说有,也不过是和障眼法反一调:有真意,去粉饰,少做作,勿卖弄而已。

写作闲谈

郁达夫

一、文体

法国批评家说,文体像人;中国人说,言为心声,不管是如何善于矫揉造作的人,在文章里,自然总会流露一点真性情出来。《钤山堂集》的"清词自媚",早就流露出挟权误国的将来;咏怀堂的《春灯》《燕子》,便翻破了全卷,也寻不出一根骨子(从真美善来说,美与善,有时可以一致,有时可以分家;唯既真且美的,则非善不成)。所以说,"文者人也""言为心声"的两句话,绝不会错。

古人文章里的证据,固已举不胜举,就拿今人的什么前瞻与后顾等文章来看,结果也绝逃不出这一铁则。前瞻是投机政客时,后顾一定是汉奸头目无疑;前瞻是跨党能手时,后顾也一定是汉奸牛马走狗了。洋洋大文的前瞻与后顾之类的万言书,实际只教两语,就可以道破。

色厉内荏,想以文章来文过,只欺得一时的少数人而已,欺不得后世的多数人。"杀吾君者,是吾仇也;杀吾仇者,是吾君也。"掩得了吴逆的半生罪恶了么?

二、文章的起头

仿佛记得夏丏尊先生的《文章作法》里,曾经说起头的话,大意是大作家的大作品,开头便好,如托尔斯泰的《战争与和平》的开头,以及岛崎藤村的《春》《破戒》的开头等等(原作中各引有一段译文在)。这话我当时就觉得他说得很对(后来才知道日本五十岚及竹友藻风两人,也说过同样的话),到现在,我也便觉得这话的耐人寻味。

譬如,托尔斯泰的《婀娜小史》(今译为《安娜·卡列尼娜》)的起头,说"幸福的家庭,大致都家家相仿佛似的,而不幸的家庭却一家有一家的特异之处"(原文记不清了,只凭二十余年前读过的记忆,似乎大意是如此的)。

又譬如,斯曲林特白儿希(即斯特林堡)的《地狱》的开头,说"在北车站送她上了火车之后,我真如释重负"云云(原文亦记不清了,大意如此)。

三、结局

浪漫派作品的结局,是以大团圆为主;自然主义派作品的结局大抵都是平淡;唯有古典派作品的悲喜剧,结局悲喜最为分明。实在，天下事绝没有这么的巧，或这么的简单和自然，以及这么的悲喜分明。有生必有死，有得必有失，不必佛家，谁也都能看破。所谓悲，所谓喜，也只有执着了人生的一面。

以蝼蛄来视人的一生，则蝼蛄微微；以人的人生来视宇宙，则人生尤属渺渺，更何况乎在人生之中仅仅一小小的得失呢？前有塞翁，后有翁子，得失循环，固无一定，所以文章的结局，总是以"曲终人不见"为高一着。

再来谈一次创作经验

郁达夫

大约是弄弄文学的人,大家常有的经验吧,书店的编辑和杂志的记者等,老爱接连不断地向你来征求自叙传或创作经验谈之类的东西。这一类文字,要写的话,原也是轻而易举的事情,可是人类大抵都是一样的,有一次生,有一次死,有时候失败,有时候成功的,将平平常常的自传写将出来,虚废掉几十万字和几千张纸,实在也没有多大的意思。除非要写得很好很特异的自传,如卢梭的《忏悔录》、歌德的《诗与实际》、利却特·杰弗利斯的《心史》之类,写出来还有点道理,否则如一般人的墓志传略一样,千篇一律,非但作者自己感不到兴趣,就是读者读了,也要摇头后悔,悔他的读书时间的可惜的,又何苦来多此一举呢?关于创作的经验谈,也是一样。虽则说戏法人人会变,各人巧妙不同,但大抵的作诗作小说剧本的人,总逃不出多读多想多练习的一个死律,此外的个人经验,如是在早晨写好呢还是在晚上写好,是用毛笔呢还是用钢笔,还是做书简日记式的文学呢还是用第三人称的体裁之类，却是无关大体的事情，嘎嘎嘈嘈，说些废话，都不过是精神的浪费。实际的情形是如此，但年轻的读者和书店的编辑，却明知而故犯，偏是不肯在这一着上放松，于是弄弄文笔的人，也只好同工厂里的工人一样，勉强地制造出些自传或经验谈来，以应所需，以骗大家。我做创作经验谈，这一回已经是第三次了，第一次是当《过去集》出版的时候写的一篇序文《五六年来创作生活的回顾》，第二次是《北斗杂志》编者硬来要去的一篇《忏余独白》(已印在《忏余集》的头上做了序文了)，到现在的这第三次上，实在是另外更没有什么好写出来，不得已我只好来抄写书，抄一点外国人的创作经验之谈的废话，聊以徇书店主人和编辑先生之情。

德国有一位作家叫 Hanns Heinz Ewers，他在一九二二年出了一本续成雪勒（Schiller，即席勒）的 Der Geisterseher 的小说。当这小说未出之先，有许多人在骂他狗尾续貂，不该做这些不相称的事情；所以出书之后，他在这书上写了一篇后叙，这后叙的中间，有几句很直截了当的关于创作的话，我觉得很可以代表我的意思，现在把它抄在下面：

我是一个诗人，不是一个有先见之明的预言者。世界是如何，我就丝毫不加改变地依它那样的接受进去。我是"为阅世而生，为观察而来"——或者正因如此，又把观察所得的如实再写下来。我只自以为我有一双很能观察的眼睛而已。

这是在教人须具有观察的眼睛，须如实地把观察所得的再写下来的意思，所以虚伪的、空幻而不符实际的事情，我觉得不是作家所应写的。当法国自然主义的作家们，奉了裴乃德的实验医学研究的科学方法，在创制小说的时候，这意思是已在实际上被应用了，但问题还有一点，就是在作者的有无很好的观察眼睛。善于观察的人，虽不是神仙，虽不是预言者，但他却能够从现在观察到将来，从歧路上观察到正路上去的。

凡艺术家的几件常套事情，就是：旋律的来复，色彩的配合，对一特异主题的偏爱，一定的思路和技巧的扶助之类。

这是说技巧上的事情的。这技巧两字，实在是很不容易说，爱魏斯仅仅以这五项来说技巧，当然要挂一漏万，但我们应该注意，他这一篇后叙，主意是并不在说创作的经验和创作的技巧的，所以笼统说到了这五项，大致也差不多了。总之当创作的时候，技巧这一步功夫，也是很难以做到的极重要的实际。譬如我们在构想的时候，想到了十分，但偶一疏忽，当表现出来的时候，最多也不过做到了三分四分，或简直连三分都写不到的事情，也是很多，这便只能怪我们的技巧不够了。要练技巧，另外也无别法，多读多想多写之后，大约技巧总会有一点长进的。

新近以八十岁的老龄而辞世的爱尔兰作家乔其摩亚，在他译的那册达夫尼丝与葛罗衣的恋爱故事上，有一篇很长的对话序文。这序文头上有一段，他说到了脑里有许多思想，但到了动笔写时，却终于写不出来的焦躁苦闷。摩亚向他的幻想的朋友 Whittaker 述说了这一个不免绝望连读书都感到无味的心境之后，扬泰客就劝他试试翻译看如何。扬泰客说：

> 翻译可以使你生出新的见地来，翻译完后，你或者会再有兴趣回向你所抛弃了的书本子去也说不定。

这是的的确确的经验之谈。我个人就老有感到绝望、虚无，完全不想做东西或看书的时候，这一种麻木的状态的解除，非要有很强的刺激，或很适当的休养不能办到，创作不出来的时候的翻译，实在是一种调换口味的绝妙秘诀。不过翻译惯了，有时也会不想再去创作的，除在这一点地方，少许带有些危险性外，则于倦作之余，试一试只为娱乐自己而做的翻译工作，终究是很有意义的方法。因为在翻译的时候，第一可以练技巧，第二可以养脑筋，第三还可以保持住创作的全部机能，使它们不会同腐水似的停注下来。

最后，只能讲到读书上去了。当从事于创作的中间，去读他人的著作，多少是带有些危险性的。但思路不能开展，或身体感到疲乏，或周围的环境起了变化，一时不能继续创作下去的时候，读读他人的书，是很能够促进创作力的复活的。中国的有许多近视批评家，只因你于某一时期在读某一种书，就断定你那时期的作品系改窜那一种书而成，这真是大笑话。第一，这种批评家就不懂得读书的意思，以为在读《论语》者，硬是孔门的弟子；第二，这种批评家大约根本就没有读过那两部所比较批评的书，所以会说出这样武断的话来。因为我们要晓得人家解释《资本论》的书，并不是《资本论》本身，我们非要将原作仔细研究一番之后，才能够说一句或是或非的话。关于读书，外国人说的名言很多，如裴孔，如蒙泰钮，如爱马生，最近还有一位 Hugh Walpole（即休·沃尔波尔）之类的 Essay 大家的文章，抄起来真抄不胜抄，并且题目不同，要逸出创作经验谈的范围以外去了，所以不赘。

创作的"三宝"和鉴赏的"四依"

许地山

雁冰、圣陶、振铎诸君发起创作讨论,叫我也加入。我知道凡关于创作的理论他们一定说得很周到,不必我再提起,我对于这个讨论只能用个人如豆的眼光写些出来。

现代文学界虽有理想主义（Idealism）和写实主义（Realism）两大倾向,但不论如何,在创作者这方面写出来的文字总要具有"创作三宝"才能参得文坛的上禅。创作的"三宝"不是佛、法、僧,乃是与此佛、法、僧同一范畴的智慧、人生和美丽。所谓创作"三宝"不是我的创意,从前西欧的文学家也曾主张过。我很赞许创作有这三种宝贝,所以要略略地将自己的见解陈述一下。

一、智慧宝

创作者个人的经验,是他的作品的无上根基。他要受经验的默示，然后所创作的方能有感力达到鉴赏者那方面。他的经验，不论是由直接方面得来，或者由间接方面得来，只要从他理性的评度，选出那最玄妙的段落——就是个人特殊的经验有裨益于智慧或识见的片段——描写出来。这就是创作的第一宝。

二、人生宝

创作者的生活和经验既是人间的，所以他的作品需含有人生的元素。人间生活不能离开道德的形式。创作者所描写的纵然是一种不道德的事实，但他的笔力要使鉴赏者有"见不肖而内自省"的反感，才能算为佳作。即使他是一位神秘派、象征派，或唯美派的作家，他也需将所描那些虚无缥缈的，或超越人间生活的事情化为人间的，使之和现实或理想的道德生活相表里。这就是创作的第二宝。

三、美丽宝

美丽本是不能独立的，他要有所附丽才能充分地表现出来。所以要有乐器、歌喉，才能表现声音美；要有光暗、油彩，才能表现颜色美；要有绮语、丽词，才能表现思想美。若是没有乐器、光暗、言文等，那所谓美就无着落,也就不能存在。单纯的文艺创作——如小说、诗歌之类——的审美限度只在文字的组织上头;至于戏剧,非得具有上述三种美丽不可。因为美有附丽的性质,故此,列它为创作的第三宝。

虽然,这"三宝"也是不能彼此分离的。一篇作品,若缺乏第二、第三宝,必定成为一种哲学或科学的记载;若是只有第二宝,便成为劝善文;只有第三宝,便成为一种六朝式的文章。所以我说这"三宝"是三实一,不能分离。换句话说,这就是创作界的三位一体。

已经说完创作的"三宝",那鉴赏的"四依"是什么呢?佛教古德说过一句话:"心如工画师,善画诸世间。"文艺的创作就是用心描画诸世间的事物。冷热诸色,在画片上本是一样的好看,一样的当用。不论什么派的画家,有等善于用热色,喜欢用热色;有等善于用冷色,喜欢用冷色。设若鉴赏者是喜欢热色的,他自然不能赏识那爱用冷色的画家的作品。他要批评(批评就是鉴赏后的自感)时,必须了解那主观方面的习性、用意和手法才成。对于文艺的鉴赏,亦复如是。

现在有些人还有那种批评的刚愎性,他们对于一种作品若不了解,或不合自己意见时,不说自己不懂,或说不符我见,便尔下一个强烈的否定,说这个不好,那个不妙。这等人物,鉴赏还够不上,自然不能有什么好批评。我对于鉴赏方面,很久就想发表些鄙见,现在因为讲起创作,就联到这问题上头。不过这里篇幅有限,不能容尽量陈说,只能将那常存在我心里的鉴赏"四依"提出些少便了。

佛家的"四依"是:"依义不依语;依法不依人;依智不依识;依了义经不依不了义经。"鉴赏家的"四依"也和这个差不多。现时就在每依之下说一两句话——

一、依义

对于一种作品,不管他是用什么方言,篇内有什么方言掺杂在内,只要令人了解或感受作者所要标明的义谛,便可以过得去。鉴赏者不必指摘这句是土话,那句不雅驯,当知真理有时会从土话里表现出来。

二、依法

须要明了主观——作者——方面的世界观和人生观,看他能够在艺术作品上充分地表现出来不能,他的思想在作品上是否有系统。至于个人感情需要暂时搁开,凡有褒贬不及人,不受感情转移。

三、依智

凡有描写不外是人间的生活,而生活的一段一落,难保没有约莫相同之点,鉴赏者不能因其相像而遂说他是落了旧者窠臼的。约莫相同的事物很多,不过看创作者怎样把他们表现出来。譬如一件很平常的事情,在常人视若无足轻重,然而一到创作者眼里便能将自己的观念和那事情融化,经他一番地洗染,便成为新奇动听的创作。所以鉴赏创作,要依智慧,不要依赖一般识见。

四、依了义

有时创作者的表现力过于超迈,或所记情节出乎鉴赏者经验之外,那么,鉴赏者须在细心推究之后才可以下批评。不然,就不妨自谦一点,说声"不知所谓,不敢强解"。对于一种作品,若是自己还不大懂得,那所批评的,怎能有彻底的论断呢?

总之,批评是一种专门功夫,我也不大在行,不过随缘诉说几句罢了。有的人用批八股文或才子书的方法来批评创作,甚至毁誉于作者自身。若是了解鉴赏"四依",哪会酿成许多笔墨官司!

附录

创作的我见

庐隐

什么是创作？人云亦云的街谈巷议，过去的历史记述，模仿昔人的陈套，抄袭名著的杂凑，而名之曰"创作"，这固是今日——过渡时代欺人的创作，在中国乃多如"恒河沙数"，不过稍具文学知识的人，对此不免"齿冷"了。

足称创作的作品，唯一不可缺的就是个性，——艺术的结晶，便是主观——个性的情感，这种情感绝不是万人一律的。纵使"英雄所见略同"，也不过是"略同"，绝不是竟同。因个性的不同，所以甲、乙二人同时观察一件事物，其所得的结果，必各据一面，对于其所得的某点，发生一种强烈联想和热情，遂形成一种文艺。这种文艺使人看了，能发生同情和刺激，就便是真正的创作。

宇宙间的森罗万象，幽玄神妙，——常人耳目所不易闻见和观察不到的地方，创作家都能逐点地把他轻描浅抹地表现出来，无形之中，使人类受到极大的感化，所以创作家的作品,是人类精神的粮——创作家的价值于此可见。

创作家的可贵既如上述,但因其有绝大的影响力,所以他所负的责任也非常大,故我对于创作的意见,不能不略说一二……

创作家的作品,完全是艺术的表现,但是艺术有两种:就是人生的艺术(Arts for life's sake),和艺术的艺术(Arts for art's sake),这两者的争论纷纷,莫衷一是。我个人的意见,对于两者亦正无偏向。创作者当时的感情的冲动,异常神秘,此时即就其本色描写出来,因感情的节调,而成一种和谐的美。这种作品,虽说是为艺术的艺术,但其价值是万不容否认的了。

今更进而论内容的趋向。人类社会,各种现象,固是千差万别,但总而言之,其所演成者,不外悲剧、喜剧二种而已。喜剧的描写,易使人笑乐,但印象不深,瞬息即杳,因喜乐的事,其性不普遍,故感人不切,难引起人的同情。至于悲剧的描写,则多沉痛哀戚,而举世的人,上而贵族,下而平民,惨凄苦痛的事情则无人无之,所以这种作品平易感人,而能引起人们的反省。况今日的世界,天灾人祸,相继而来,社会上但见愁云惨雾,弥漫空际,民不聊生,人多饿死;但一部分又酣歌醉酒,昏沉终日,贫富不均,阶级森严,人们但感苦闷,终至日趋颓唐,不知求所以苦闷的原因,从黑暗中寻觅光明,遂至苦上加苦,生趣毫无,自杀的青年一天增加一天,其悲惨真不忍细说！所以创作家对于这种社会的悲剧，应用热烈的同情，沉痛的语言描写出来，使身受痛苦的人，一方面得到同情绝大的慰藉，一方面引起其自觉心，努力奋斗，从黑暗中得到光明——增加生趣，方不负创作家的责任。

不过人们当苦痛到极点的时候，悲剧描写的同情固可以慰藉他，但作品之中不可过趋向绝望的一途。因为青年人往往感"生的苦闷"，极易受示唆，若描写过于使人丧胆短气，必弄成唆使人们自杀的结果，所以必于悲苦之中寓生路——这是我对于创作内容倾向的意见。

我虽过了十年创作生活，在这十年之中世变无穷，就是文坛也是花样几番，时而浪漫文学，时而写实文学，时而普罗文学，真是层出不穷，一个作家站在这种大时代的旗帜之下，有时真不免惶惶然不知何所适从。

不过这仅仅是浮面的形象，——据我个人的意见，一个作家必具有几项根本条件，这些根本条件是亘古不变的，是永远的真理，那么这条件究竟是什么呢？兹略举如下：

甲、一个作家必具有"诚恳"的态度。美国写实派詹姆士说："唯诚恳为作者无上之权利，应尽量享受之，占有之，扩大之，宣传之而欣赏之。全人生皆属于汝……"

因为小说家所表现的，是真实的人生，这种真实的人生，不是虚夸的态度所能表现得出的。所以要作品含有真实性，使读者感受深切，那么作家必具有诚恳的态度，当然毫无疑义了！

乙、作家应具有"忍耐"之条件。佛罗贝尔之言曰："文学天才仅为长期的忍耐。"这所谓忍耐自然指着修养而言，因为一个作家，要以人间的事实，采为作品的材料，第一对于事物不能无精密的注意，细心的审办，以发现众人所未窥到的另一面；而这种的努力非有忍耐心者不办。

丙、充实个人生活。除以上所说的两项以外，作家还应当充实个人生活，因表现人生，当以作家生活经验为基础。虽然经验有间接的、直接的分别，但无论如何，作家生活经验越丰富，其作品的真实性也越浓厚，反之则其作品不免空虚无力，——虽然有时想象的真实，会胜过实际的真实，但想象的根据，仍不能离去既往的经验，所以一个优越的作家，其生活经验必定是丰富的。

除了上列几项之外，当然还有，如艺术手腕之训练等，因限于时间，不能详述。总之欲成一个优越的作家，对于自身的生活的充实及人格的修养，与文字的工具的熟练，都不可放松，能如此，即使不是特殊的天才，也应有相当的成就吧！

附录

传记怎么写

章衣萍

传记是文学上的宝物。有人说,"一切的创作都是自传",这句话自然说得太过了。但我们可以说,"一切的创作皆有意或无意地受着作者自己的态度的影响"。即以写实派的大师莫泊桑而论,他自己以为写作的态度是完全客观的、冷静的了,但莫泊桑的著作中也流露出他自己的人生态度。朱自清先生曾举他的短篇小说《月夜》(由周作人译,载《域外小说集》)为例,以为"《月夜》里所写的爱,便是受物质环境影响而发生的爱,与理想派所写的爱便绝不会相同",以证明"他的唯物观,在作品里充满了的"。所以以文学作品而论,不懂得作者的一生生活与环境,便不懂得作品的态度来源,所以作者的传记是很重要的。这是就文学作品而论。但传记本身,也就有独立的价值。我们研究欧洲文学的人,都喜欢读卢梭的《忏悔录》、托尔斯泰的《忏悔录》、歌德的自传。这些伟大的自传,在文学上,在道德上,其影响实在伟大无比。近人如罗曼·罗兰（Romain Rolland）的《贝多芬传》《甘地传》，都是极有价值的作品。最近我读了英文本的托洛斯基（Trotsky）的《我的自传》(*My Life*)，也受了极大的感动。我虽不是陈独秀党的托洛斯基派，但对于托氏的奋斗与失败，不能不表示相当的钦佩。传记的目的在记实，不在"教训"，但伟大的传记的效果往往超过"教训"，它令人感动，令人兴奋，它的价值是艺术的，又是智识的，也是道德的。

但中国的传记文学又是怎样呢？我且先举出胡适之先生的一些话来作证：

> 传记是中国文学里最不发达的一门。这大概有三种原因。第一是没有崇拜伟大人物的风气，第二是多忌讳，第三是文字的障碍。
>
> 传记起于纪念伟大的英雄豪杰。故柏拉图与谢诺芳念念不忘他们那位先殉真理的先师，乃有苏格拉底的传记和对话集。故布鲁塔奇追念古昔的大英雄，乃有他的《英雄传》。在中国文学史上所有的几篇稍稍可读的传记都含有崇拜英雄意义：如司马迁的《项羽本纪》，便是一例。唐朝的和尚崇拜那十七年求经的玄奘，故《慈恩法师传》为中古最详细的传记。南宋的理学家崇拜那死在党禁之中的道学领袖朱熹，故朱子的《年谱》成为最早的详细年谱。

……………

因为这几种原因,二千年来,几乎没有一篇可读的传记。因为没有一篇真能写生传神的传记,所以二千年中竟没有一个可以叫人爱敬崇拜、感发兴起的大人物!并不是真没有可歌可泣的事业,只都被那些谀墓的死古文骈文埋没了。并不是真没有可以叫人爱敬崇拜感慨奋发的伟大人物,只都被那些滥调的文人生生地杀死了。

(《南通张季直先生传记序》,《胡适文存》第三集,卷八)

胡先生的话是很精到的。我们虽不敢附和胡先生的大胆地说"二千年来,几乎没有一篇可读的传记",但中国真正伟大的动人的传记实在不多。"多忌讳"与"文字的障碍"实为最大原因。说中国人没有"崇拜英雄的风气",还有可以商酌的地方。我们只要看关羽之庙遍天下,便可证明中国人并不是不崇拜英雄。至于士人之崇拜孔丘,军人之崇拜岳飞,党人之崇拜总理,商人之崇拜吴佩孚,都可证明中国人的崇拜英雄热并不低于旁的国家和民族。中国古代传记也有可读的,如胡先生所说的《项羽本纪》和《慈恩法师传》,如《史记》的《孔子世家》《孟子荀卿列传》《屈原贾生列传》《游侠列传》,如《晋书》的《阮籍传》,萧统的《陶渊明传》,《唐书》的《韩愈传》,《宋史》的《朱熹传》《王安石传》,《明儒学案》的《王守仁传》,等等,皆益人心智,颇可一读。如王充的《论衡自纪》,实为自传的很好作品。近人梁启超的《意大利三杰传》《罗兰夫人传》等,"笔尖常带情感",尤为动人的作品。如胡先生的近作《四十自述》,将来一定为自传中的很好作品。文体解放了,忌讳渐渐少了,中国的传记文发达是无可疑的。

....

替古人或今人做传记,有两个重要条件:

第一,要记载翔实。

第二,要立论公允。

做传记不但要详细,而且要实在。传记比不得小说,不能造一句诳话。立论公允也是不容易的。如《宋史》的《王安石传》,便对于那"天变不足畏,祖宗不足法,人言不足惜"的王安石,有种种不公平的微词。又如陈寿替诸葛亮做传(见《三国志》),因为亮曾髡陈寿之父,故于亮颇有微词。这都是做传记的人应该引以为戒的。只有不为俗见所囿,不为私心所蔽的人,才能写出公允的话。

做自传是说自己的事,比较容易了。但法朗士老先生曾说:

你心里有什么说什么是可能的应当的,只要你知道怎样去做就完了。听一个十二分诚意的忏悔者忏悔，该是一件多么有趣的事！但是世界有始以来，从没有听见过这种忏悔词。没有一个人肯什么事都告诉出来——就是凶恶的奥古斯丁，他的用意是要使曼尼歧阿斯人糊涂得莫名其妙，哪来有暴露他灵魂的真心；就是可怜伟大的卢梭，他因为神经错乱，才恣意地诋毁自己。

（《乐园之花》，原名《伊毕鸠鲁园》，顾仲彝译）

做自传应该"心里有什么说什么"，自己是什么说什么。夸张是不好的，故意"诋毁自己"固然也不好，但若卢梭那样暴露自己真心，是伟大的行为，我们不能拿"神经错乱"来讥笑他。

游记怎么写

章衣萍

游历是很重要的。古人曾说："太史公游历海内名山大川，故为文有奇气。"所以"读万卷书，走万里路"，是古代文人传为美谈的。欧西文人嘉勒尔（Carlyle，即卡莱尔）将人们分为三种，说："第三流的人物，是诵读者（Reader）；第二流的人物，是思索者（Thinker）；第一流最伟大的人物，是阅历者（Seer）。"（参看鹤见祐辅《思想·山水·人物》二百七十页，鲁迅译）那简直以"走万里路"比"读万卷书"还有价值而且重要了。我的朋友孙伏园君，也是欢喜游历的，他曾说："留学生未出国以前，最好先在本国各省旅行一遍，认清楚自己的本国，然后再看旁人国里的事情，比较更有趣味。"这也是很有意义的话。但旅行而不写游记，走马看花，也毫无益处。试看中国留学欧美、日本的人那么多，但关于欧美、日本的有价值的游记一本也没有。许多的留学生都是糊涂而去，糊涂而来，在外国吃面包、找女人罢了！但游记的性质也因作游记人的趣味而不同。有的人旅行为着鉴赏风物，这是文学家的旅行。有的人旅行为着观察社会，这是哲学家的旅行。我们且举出两篇不同的文字，来作这两派的代表，分别是朱自清的《绿》和胡适的《东西文化的界限》。

朱自清先生把仙岩的一个小瀑布，写得那样有声有色，真有些神化了。这样细丽的写景文章，几百年来的古文游记中是很难看见的！我们读了朱自清先生的文章，再去看胡适先生的《庐山游记》（有单行本，新月书店刊行）。他花了几千字去考证一个塔，竟把庐山的有名瀑布用"鹤鸣与龟背之间有马尾泉瀑布，双剑之左有瀑布水；两个瀑泉遥遥相对，平行齐下，下流入壑，汇合为一水，迸出山峡中，遂成最著名的青玉峡奇景。水流出峡，入于龙潭"几句话轻轻写过去。有"历史癖和考据癖"的人竟不会描写风景！但胡先生究竟是一个哲学家，能在哈尔滨的"道里""道外"的人力车与汽车中看出东方文明与西方文明的交界线，这也是哲学上的一个"大发现"！

游历是有益于学问的。"达尔文旅行全世界，完成他的进化论。"但达尔文可说是带了簿子旅行的。杜威说得好："达尔文常说平常人偶然看见事物的例子同自己所好之说相反的，便敷衍放过，但是他自己则不特搜集种种不相同的例子，并且把所看见的，或所想到的，写在簿子上面。因为不写就要忘记了。"这实在是研究学问的人所应当效法的。但我们学文学的人，游历时大概欢喜欣赏风景。可是好风景正同云烟一般,一瞥即过的。所以袋里也应该带了一本簿子,无论是风俗,是人情,是风景,有趣味的都可以记下来。我们应该提倡带了簿子去游历。

我的朋友孙氏兄弟的《伏园游记》及《山野掇拾》(孙福熙著)都是很好的,很可看。古人游记中《徐霞客游记》(丁文江校点本)也是很好的,可说是中国第一部记游历的书。懂得英文的人,欧文(Washington Irving)的《见闻杂记》,是很可看的。又如威尔士(H.G.Wells)的《近代乌托邦》及《如神的人们》也可看,在那些著作中可看出威尔士的旅行热的心情的,并且带在游历的路上看,也很有趣味。

如何写诗

胡怀琛

如何动笔

作诗并不是像前清时代考秀才一般的,由"学台"出了诗题,叫"考相公"照着诗题去作什么"五言八韵";也不是像现代学校里的作文课一般,由教员把题目写在黑板上,叫学生按着题目去作文。关于作诗的话,朱夫子说得最好,他在他所注的《诗经》序文里说道:

> 或有问于予曰:"诗何为而作也?"予应之曰:"人生而静,天之性也。感于物而动,性之欲也。夫既有欲矣,则不能无思;既有思矣,则不能无言;既有言矣,则言之所不能尽,而发于咨嗟咏叹之余者,必有自然之音响节族(音'奏')而不能已焉,此诗之所以作也。"

朱子这一段话虽然也有所本，但是没有他说得这样明白透彻。所以我这里就只引朱子的话，而不追本穷源地做文学史式的考证了。就朱子这段话看来，我们可以知道如何动笔作诗。现在再简单地说明如下：

（一）我们必须先有所感，而后须要作诗。倘无所感，就根本不必作诗。

（二）诗是我们说不出的情感，而由咨嗟咏叹发抒出来的。倘然是用普通言语说出来的机械式的话，不能算诗。

（三）由咨嗟咏叹而发抒出来的情感，自然成为音节，更不必注意什么五言、七言、三行、四行，也不必注意什么"仄仄平平仄"，和什么"抑扬、扬抑"。

总之，诗就是真情的自然流露，而成为自然的音节。不过这种真情自然流露出来时，我们如何用符号（就是文字）把它记录在纸上，也要有适当的方法。有了这种适当的方法，至少可以帮那自然流露的真情，使它成为一种有价值的作品。这就是所谓如何动笔写诗了。

现在我试举一个例罢。譬如有像下面的一段感想：

我有一种说不出的隐痛，平时不和外界的东西接触，倒也不觉得什么。一天，是个早秋的夜里，月光很好，我抬头看见天上的明月，不知怎样便引起我的感想来，想道："我的痛苦没有人能够知道的，大概只月亮能够知道。现在月亮是很明地照在我的头上，把我一身都照得很清楚,但不知道他肯不肯照一照我的心。现在我就请求他照照我的心罢!"

这样一段弯弯曲曲的感想,很有作诗的可能。但是像上面这样地写出来,不能算诗。我们要如何写才算是诗呢?

我们可以把上面的一段文字细细地看看,哪几句话最重要,然后用最简单的文字把最重要的话达出来。只要能够达意,文字愈简愈好。

我们细细看罢之后,自然是觉得最后面"请求月亮照我的心"这句话最为重要,因为有了这句话,前面的话都可以不言而喻了。倘然我没有什么说不出的隐痛,就不要有这种请求;今既然有这种请求,当然先有这种隐痛,所以有了后面的话,前面的话可以不言而喻。

现在就把"请求月亮照我的心"的话写成诗,是怎样的写法呢?

倘然写成一首新诗是如下:

月儿!
你不要单照在我的头上,
请你照我的心罢!

倘然写成两句旧诗,也可以的,便是:

寄言头上团栾月，劝汝分光照我心。

这不过是千万个作诗法中间的一法，绝不是说：作诗法仅只如此，学会了这一个秘诀，就可以大作其诗了。

假定作诗有一万个法子（恐怕还不止一万个），那么，除了这一个，还有九千九百九十九个。唉！九千九百九十九个，一时如何说得完？现在只好就我所能够想到的，随便写几个在下面，写一个，是一个罢了。

但是，读者不要急，孔夫子早说过："举一隅不以三隅反，则不复也。"这句话成了后来读书作文者的指南针。只要会得触类旁通，学到了一个法子，就可以自己悟出三个法子。那么，在我说一个法子，读者可以悟出三个；我说三个，读者可以悟出九个。所以我说的虽然不多，只要聪明的读者们善于领悟，那就"取之不尽，用之不竭"了。

我呢，不过是立在启发的地位，替读者引一个端，将来读者凭自己的聪明，由此变化出来的方法，由此创造出来的作品，比我要好得十倍、百倍，是不足为奇的。我预先在这里祝贺！

就语言为诗

我们有了一种感想，先把它用散文写出来，然后再把它改成诗。喜欢作新诗的就作新诗，喜欢作旧诗的就作旧诗，都可以的。但是旧诗比新诗容易受束缚，所以我不希望人家多作旧诗。

我们的感想用散文写出来，可以改为诗，因此，推广一下，把现成的语言改为诗，也可以的。只要是饱含着诗意的语言，都可以拿来改为诗。虽则不是一个根本的产生诗的原则，但是在练习作诗的时候，这个法子是可以用的。古代有许多名家，间或也用这个法子。现在举几个实例如下：

第一个例，《随园诗话》上说：有一人家园子里担粪的园丁，一天，在园子看见梅花将要开了，对主人说道："梅树满身是花！"主人闻言，就触动诗兴，把他的一句话改作一句诗云：

梅孕一身花。

这一句诗，虽然不能说是十分好，但是照旧诗格律说，是很妥当的。虽然没有很深的情感，但是有极丰厚的修辞意味。就是把梅树人格化了，把梅树当人看。园丁的原语，好在一个"身"字，主人就由"身"字想出"孕"字，便成了这样的一句诗。

第二个例，五代时吴越王钱镠寄其夫人书云："陌上花开，可缓缓归矣。"王渔洋《香祖笔记》说："不过数言，而姿致无限，虽复文人操笔，无以过之。"余按：这一句话真是饱含着诗意。近人有散文诗的名称，像这句话，可算

是旧诗中的散文诗。就是要把它改为一句旧式的七言诗也很容易,就是:

　　陌上花开缓缓归。

第三个例,王右军帖云:"寒食近,得且住为佳耳。"宋人辛稼轩就用它为《霜天晓角》词云:

　　明日落花食日,得且住为佳耳。

又《玉蝴蝶》词云:

　　试听呵!寒食近也,且住为佳。

因为原文虽是小简,但也饱含着诗意,所以辛稼轩能改它为词。

第四个例,苏东坡在颍州时,有一个正月的夜里,庭前梅花盛开,月色明霁,王夫人说:"春月胜于秋月。秋月令人惨凄,春月令人和悦。可召赵德麟辈来饮此花下。"东坡闻言说道:"吾不知子能诗耶!此真诗家语耳。"于是就约了赵德麟等人来赏月,看花,并填了一首《减字木兰花》的词云:

　　春庭月午,摇落春醪光欲舞。转步回廊,半落梅花婉婉香。

　　轻风薄雾,都是少年行乐处。不是秋光,只与离人照断肠。

他的后半阕就是采用王夫人的语意。从来谈词的人,只知说东坡的词是得着王夫人的帮助,但是在今日看起来,东坡的词反不及王夫人的话活泼而自然。

第五个例,苏东坡作《定风波》词,序云:"王定国歌儿曰柔奴,姓宇文氏,眉目娟丽,善应对,家世住京师。定国南迁归,余问柔奴:'广南风土应是不好?'柔奴对曰:'此心安处,便是吾乡。'因为缀一词。"余按:"此心安处,便是吾乡"这八个字也有诗意。东坡词的末两句云:

　　试问岭南应不好,却道:此心安处是吾乡。

记得前三四年,我也有一句诗云:

　　久客江湖便是家。

虽不是有心用柔奴的语,而且境界也略有些不同,然多少有点关系。或者是先读过这句话,本已忘记了,但作诗时却又无意中得了它的启示,而不自觉。

以上所述,有就语言为诗的,有就语言为词的。但是我现把它一起拿来讲，也不必分为诗、词了。读者读了这一段话，或者可以启发你们的心思，而得到一点益处。

就诗为词

前一节既然说过就语言为诗，这里索性再说一说就诗为词。我们看了前人就诗为词的实例，一方面可以知道诗词变化的关键，一方面可以启示我们，再进一步，把旧诗解放成新诗。

现在先看就诗为词的一个例。苏东坡《洞仙歌》词，自序云：

> 仆七岁时，见眉州老尼。姓朱，忘其名，年九十余，自言尝随其师入蜀主孟昶宫中。一日大热，蜀主与花蕊夫人夜纳凉摩诃池上，作一词，朱具能记之。今四十年，朱已死久矣，人无知此词者。独记其首两句，暇日寻味，岂《洞仙歌》乎？乃为足之。

词云：

> 冰肌玉骨，自清凉无汗。水殿风来暗香满。绣帘开，一点明月窥人，人未寝，欹枕钗横鬓乱。
>
> 起来携素手，庭户无声，时见疏星渡河汉。试问

夜如何？夜已三更，金波淡，玉绳低转。但屈指西风几时来，又不道流年暗中偷换。

据东坡自序，这首词的前两句乃是借用眉州老尼所述孟昶词。然据《墨庄杂录》引《李季成诗话》，孟昶作的本是一首诗，东坡是将全首诗改为词。如此说来，东坡小序里的话乃是骗人的话了。现在我们且看《李季成诗话》所载的孟昶的原诗是怎样：

> 冰肌玉骨清无汗，水殿风来暗香满。
> 帘间明月独窥人，欹枕钗横云鬟乱。
> 三更庭院悄无声，时见疏星渡河汉。
> 屈指西风几时来，只恐流年暗中换。

我们拿后面的诗和东坡的《洞仙歌》词比较起来，很信《洞仙歌》词是就孟昶的诗演成的。东坡序中说孟昶原作疑是《洞仙歌》，其实《洞仙歌》这个词调出现较迟，在五代孟昶时是没有的，那么，越可证明东坡是就诗为词了。

再看就诗为歌的一个例罢。苏东坡同他的朋友在野外宴集，有姓郭的，善唱挽歌，自说恨无佳句，乃改白乐天的《寒食》诗唱云：

> 乌啼鹊噪昏乔木，清明寒食谁家哭？

> 风吹旷野纸钱飞，古墓累累春草绿。
> 棠梨花映白杨树，尽是死生离别处。
> 冥漠重泉哭不闻，萧萧暮雨人归去。

按：白乐天原诗题为《寒食吟》，诗云：

> 邱墟郭门外，寒食谁家哭？
> 风吹旷野纸钱飞，古墓累累春草绿。
> 棠梨花映白杨树，尽是死生离别处。
> 冥漠重泉哭不闻，萧萧暮雨人归去。

将白乐天的原诗和姓郭的所唱的挽歌一比，除了起首两句不同而外，其他都是一样。起首两句他所以要改的原因，无非是因为原诗不便于唱罢了。这里也可以看得出诗和词的关系，因为词也是要能唱的。

不过我们由这两个例，可以再进一步，就是把原有的好的旧诗解放成为新诗。今举例如下：

> 别梦依依到谢家，小廊回合曲栏斜。
> 多情只有春庭月，犹为离人照落花。

这是唐人的七言绝诗，现在我们把它解放成新诗，看是怎样？

我昨夜作了一个梦，
　　梦见到了谢家。
　　分明看见那边，
　　回环的长廊，
　　曲折的栏干，
　　还看见满地的落花；
　　只是冷清清的没有一个人。
　　多谢那天上的明月，
　　在慰藉我的寂寞。

　　我们把这个例细细地一看，把前面的旧诗和后面的新诗细细地比较，我们可以彻底明白旧诗和新诗的分别了，也可以知道如何改变旧诗为新诗了。

　　也许有人说：那原来的一首唐诗，没有什么"冷清清的不见一个人"的话，在新诗里为什么却有了？我道：在原诗里虽然在字面上没有说出，但实在是有这个意思。它第三句说"多情只有春庭月"，一个"只"字，就包含这个意思，就是除了明月以外，没有人的意思。

　　也许有人说：原诗里并没有"明月在慰藉我的寂寞"的话，为什么新诗里却有了？我道：这个意思在原诗里也是有的。原诗"多情只有春庭月"，"多情"二字就是这个意思。

　　我们改旧诗为新诗，只要不失它的大意就好了，不能照着字面改的。

我怎么做起小说来

鲁迅

我怎么做起小说来？——这来由，已经在《呐喊》的序文上，约略说过了。这里还应该补叙一点的，是当我留心文学的时候，情形和现在很不同：在中国，小说不算文学，做小说的也绝不能称为文学家，所以并没有人想在这一条道路上出世。我也并没有要将小说抬进"文苑"里的意思，不过想利用他的力量，来改良社会。

但也不是自己想创作，注重的倒是在介绍，在翻译，而尤其注重于短篇，特别是被压迫的民族中的作者的作品。因为那时正盛行着排满论，有些青年，都引那叫喊和反抗的作者为同调的。所以"小说作法"之类，我一部都没有看过，看短篇小说却不少，小半是自己也爱看，大半则因了搜寻介绍的材料。也看文学史和批评，这是因为想知道作者的为人和思想，以便决定应否介绍给中国。和学问之类，是绝不相干的。

因为所求的作品是叫喊和反抗，势必至于倾向了东欧,因此所看的俄国、波兰以及巴尔干诸小国作家的东西就特别多。也曾热心地搜求印度、埃及的作品,但是得不到。记得当时最爱看的作者,是俄国的果戈理(N.Gogol)和波兰的显克微支(H.Sienkiewicz)。日本的,是夏目漱石和森鸥外。

回国以后,就办学校,再没有看小说的工夫了,这样的有五六年。为什么又开手了呢?——这也已经写在《呐喊》的序文里,不必说了。但我的来做小说,也并非自以为有做小说的才能,只因为那时是住在北京的会馆里的,要做论文罢,没有参考书,要翻译罢,没有底本,就只好做一点小说模样的东西塞责,这就是《狂人日记》。大约所仰仗的全在先前看过的百来篇外国作品和一点医学上的知识,此外的准备,一点也没有。

但是《新青年》的编辑者,却一回一回地来催,催几回,我就做一篇,这里我必得纪念陈独秀先生,他是催促我做小说最着力的一个。

自然,做起小说来,总不免自己有些主见的。例如,说到"为什么"做小说罢,我仍抱着十多年前的"启蒙主义",以为必须是"为人生",而且要改良这人生。我深恶先前的称小说为"闲书",而且将"为艺术的艺术",看作不过是"消闲"的新式的别号。所以我的取材,多采自病态社会的不幸的人们中,意思是在揭出病苦,引起疗救的注意。所以我力避行文的唠叨,只要觉得够将意思传给别人了,就宁可什么陪衬拖带也没有。中国旧戏上,没有背景,新年卖给孩子看的花纸上,只有主要的几个人(但现在的花纸却多有背景了),我深信对于我的目的,这方法是适宜的,所以我不去描写风月,对话也绝不说到一大篇。

我做完之后,总要看两遍,自己觉得拗口的,就增删几个字,一定要它读得顺口;没有相宜的白话,宁可引古语,希望总有人会懂,只有自己懂得或连自己也不懂的生造出来的字句,是不大用的。这一节,许多批评家之中,只有一个人看出来了,但他称我为 Stylist。

所写的事迹,大抵有一点见过或听到过的缘由,但绝不全用这事实,只是采取一端,加以改造,或生发开去,到足以几乎完全发表我的意思为止。人物的模特儿也一样,没有专用过一个人。往往嘴在浙江,脸在北京,衣服在山西,是一个拼凑起来的角色。有人说,我的那一篇是骂谁,某一篇又是骂谁,那是完全胡说的。

不过这样的写法,有一种困难,就是令人难以放下笔。一气写下去,这人物就逐渐活动起来,尽了他的任务。但倘有什么分心的事情来一打岔,放下许久之后再来写,性格也许就变了样,情景也会和先前所预想的不同起来。例如我做的《不周山》,原意是在描写性的发动和创造,以至衰亡的,而中途去看报章,见了一位道学的批评家攻击情诗的文章,心里很不以为然,于是小说里就有一个小人物跑到女娲的两腿之间来,不但不必有,且将结构的宏大毁坏了。但这些处所，除了自己，大概没有人会觉到的，我们的批评大家成仿吾先生，还说这一篇做得最出色。

我想，如果专用一个人做骨干，就可以没有这弊病的，但自己没有试验过。

忘记是谁说的了，总之是，要极省俭地画出一个人的特点，最好是画他的眼睛。我以为这话是极对的，倘若画了全副的头发，即使细得逼真，也毫无意思，我常在学学这一种方法，可惜学不好。

可省的处所，我绝不硬添，做不出的时候，我也绝不硬做，但这是因为我那时别有收入，不靠卖文为活的缘故，不能作为通例的。

还有一层，是我每当写作，一律抹杀各种的批评。因为那时中国的创作界固然幼稚，批评界更幼稚，不是举之上天，就是按之入地，倘将这些放在眼里，就要自命不凡，或觉得非自杀不足以谢天下的。批评必须坏处说坏，好处说好，才于作者有益。

但我常看外国的批评文章，因为他于我没有恩怨嫉恨，虽然所评的是别人的作品，却很有可以借镜之处。但自然，我也同时一定留心这批评家的派别。

以上，是十年前的事了，此后并无所作，也没有长进，编辑先生要我做一点这类的文章，怎么能呢。拉杂写来，不过如此而已。

怎样写小说

老舍

小说并没有一定的写法。我的话至多不过是供参考而已。

大多数的小说里都有一个故事，所以我们想要写小说，似乎也该先找个故事。找什么样子的故事呢？从我们读过的小说来看，什么故事都可以用。恋爱的故事、冒险的故事固然可以利用，就是说鬼说狐也可以。故事多得很，我们无须发愁。不过，在说鬼狐的故事里，自古至今都是把鬼狐处理得像活人；即使专以恐怖为目的，作者所想要恐吓的也还是人。假若有人写一本书，专说狐的生长与习惯，而与人无关，那便成为狐的研究报告，而成不了说狐的故事了。由此可见，小说是人类对自己的关心，是人类社会的自觉，是人类生活经验的记录。那么，当我们选择故事的时候，就应当估计这故事在人生上有什么价值，有什么启示；也就很显然地应把说鬼说狐先放在一边——即使要利用鬼狐。发为寓言，也须晓得寓言与现实是很难得谐调的，不如由正面去写人生才更恳切动人。

依着上述的原则去选择故事，我们应该选择复杂惊奇的故事呢，还是简单平凡的呢？据我看，应当先选取简单平凡的。故事简单，人物自然不会很多，把一两个人物写好，当然是比写二三十个人而没有一个成功的强多了。写一篇小说，假如写者不善描写风景，就满可以不写风景，不长于写对话，就满可以少写对话；可是人物是必不可缺少的，没有人便没有事，也就没有了小说。创造人物是小说家的第一项任务。把一件复杂热闹的事写得很清楚，而没有创造出人来，那至多也不过是一篇优秀的报告，并不能成为小说。因此，我说，应当先写简单的故事，好多注意到人物的创造。试看，世界上要属英国狄更斯的小说的穿插最复杂了吧，可是有谁读过之后能记得那些钩心斗角的故事呢？狄更斯到今天还有很多的读者，还被推崇为伟大的作家，难道是因为他的故事复杂吗？不！他创造出许多的人哪！他的人物正如同我们的李逵、武松、黛玉、宝钗，都成为永远不朽的了。注意到人物的创造是件最上算的事。

为什么要选取平凡的故事呢？故事的惊奇是一种炫弄，往往使人专注意故事本身的刺激性，而忽略了故事与人生的关系。这样的故事在一时也许很好玩，可是过一会儿便索然无味了。试看，在英美一年要出多少本侦探小说，哪一本里没有个惊心动魄的故事呢？可是有几本这样的小说成为真正的文艺的作品呢？这种惊心动魄是大锣大鼓的刺激，而不是使人三月不知肉味的感动。小说是要感动，不要虚浮的刺激。因此，第一，故事的惊奇，不如人与事的亲切；第二，故事的出奇，不如有深长的意味。假若我们能由一件平凡的故事中，看出他特有的意义，则人同此心，心同此理，它便具有很大的感动力，能引起普遍的同情心。小说是对人生的解释，只有这解释才能使小说成为社会的指导者。也只有这解释才能把小说从低级趣味中解救出来。所谓《黑幕大观》一类的东西，其目的只在揭发丑恶，而并没有抓住丑恶的成因，虽能使读者快意一时，但未必不发生世事原来如此，大可一笑置之的犬儒态度。更要不得的是那类嫖经赌术的东西，作者只在嫖赌中有些经验，并没有从这些经验中去追求更深的意义，所以他们的文字只导淫劝赌，而绝对不会使人崇高。所以我说，我们应先选取平凡的故事，因为这足以使我们对事事注意，而养成对事事都探求其隐藏着的真理的习惯。有了这个习惯，我们既可以不愁没有东西好写，而且可以免除了低级趣味。客观事实只是事实，其本身并不就是小说，详密地观察了那些事实，而后加以主观的判断，才是我们对人生的解释，才是我们对社会的指导，才是小说。对复杂与惊奇的故事应取保留的态度，假若我们在复杂之中找不出必然的一贯的道理，于惊奇中找不出近情合理的解释，我们最好不要动手，因为一存以热闹惊奇见胜的心,我们的趣味便低级了。再说,就是老手名家也往往吃亏在故事的穿插太乱、人物太多;即使部分上有极成功的地方,可是全体的不匀调,顾此失彼,还是劳而无功。

在前面,我说写小说应先选择个故事。这也许小小的有点语病,因为在事实上,我们写小说的动机,有时候不是源于有个故事,而是有一个或几个人。我们倘然遇到一个有趣的人,很可能的便想以此人为主而写一篇小说。不过,不论是先有故事,还是先有人物,人与事总是分不开的。世界上大概很少没有人的事和没有事的人。我们一想到故事,恐怕也就想到了人,一想到人,也就想到了事。我看,问题倒似乎不在于人与事来到的先后,而在于怎样以事配人和以人配事。换句话说,人与事都不过是我们的参考资料,须由我们调动运用之后才成为小说。比方说,我们今天听到了一个故事,其中的主人公是一个青年人。可是经我考虑过后,我们觉得设若主人公是个老年人,或者就能给这故事以更大的感动力;那么,我们就不妨替它改动一番。以此类推,我们可以任意改变故事或人物的一切。这就仿佛是说,那足以引起我们注意,以至想去写小说的故事或人物,不过是我们主要的参考材料。有了这点参考之后,我们须把毕生的经验都拿出来作为参考,千方百计地来使那主要的参考丰富起来,像培植一粒种子似的,我们要把水分、温度、阳光……都极细心地调处得适当，使它发芽，长叶开花。总而言之，我们须以艺术家自居，一切的资料是由我们支配的；我们要写的东西不是报告，而是艺术品——艺术品是用我们整个的生命、生活写出来的，不是随便的给某事某物照了个四寸或八寸的相片。我们的责任是在创作：假借一件事或一个人所要传达的思想，所要发生的情感与情调，都由我们自己决定，自己执行，自己做到。我们并不是任何事任何人的奴隶，而是一切的主人。

遇到一个故事，我们须亲自在那件事里旅行一次，不要急着忙着去写。旅行过了，我们就能发现它有许多不圆满的地方，须由我们补充。同时，我们也感觉到其中有许多事情是我们不熟悉或不知道的。我们要述说一个英雄，却未必不叫英雄的一把手枪给难住。那就该赶紧去设法明白手枪，别无办法。一个小说家是人生经验的百货店，货越充实，生意才越兴旺。

旅行之后，看出哪里该添补，哪里该打听，我们还要再进一步，去认真地扮作故事中的人，设身处地地去想象每个人的一切。是的，我们所要写的也许是短短的一段事实。但是假若我们不能详知一切，我们要写的这一段便不能真切生动。在我们心中，已经替某人说过一千句话了，或者落笔时才能正确地用他的一句话代表出他来。有了极丰富的资料，深刻的认识，才能说到剪裁。我们知道十分，才能写出相当好的一分。小说是酒精，不是掺了水的酒。

大至历史、民族、社会、文化，小至职业、相貌、习惯，都须想过，我们对一个人的描画才能简单而精确地写出，我们写的事必然是我们要写的人所能担负得起的，我们要写的人正是我们要写的事的必然的当事人。这样，我们的小说才能皮裹着肉，肉撑着皮，自然的相连，看不出虚构的痕迹。小说要完美如一朵鲜花，不要像二黄行头戏里的"富贵衣"。

对于说话、风景，也都是如此。小说中人物的话语要一方面负着故事发展的责任，另一方面也是人格的表现——某个人遇到某种事必说某种话。这样，我们不必要什么惊奇的言语，而自然能动人。因为故事中的对话是本着我们自己的及我们对人的精密观察的，再加上我们对这故事中人物的多方面想象的结晶。我们替他说一句话，正像社会上某种人遇到某种事必然说的那一句。这样的一句话，有时候是极平凡的，而永远是动人的。

我们写风景也并不是专为了美，而是为加重故事的情调，风景是故事的衣装，正好似寡妇穿青衣，少女穿红裤，我们的风景要与故事人物相配备——使悲欢离合各得其动心的场所。小说中一草一木一虫一鸟都须有它的存在的意义。一个迷信神鬼的人，听了一声鸦啼，便要不快。一个多感的人，看见一片落叶，便要落泪。明乎此，我们才能随时随地的搜取材料，准备应用。当描写的时候，才能大至人生的意义，小至一虫一蝶，随手拾来，皆成妙趣。以上所言，系对小说中故事、人物、风景等作个笼统的报告，以时间的限制不能分项详陈。设若有人问我，照你所讲，小说似乎很难写了？我要回答也许不是件极难的事，但是总不大容易吧！